Pour l'Amérique Contre Bush

Du même auteur en langue française

L'Alchimie de la finance, Valor, 1998

Le Défi de l'argent, Plon, 1999

La Crise du capitalisme mondial : l'intégrisme des marchés, Plon, 1999

Guide critique de la mondialisation, Plon, 2002

George SOROS

Pour l'Amérique Contre Bush

Traduit de l'américain par
Larry Cohen

DUNOD

L'édition originale de cet ouvrage a été publiée aux États-Unis par Public Affairs, une marque de Perseus Books LLC, sous le titre :

The Bubble of American Supremacy.

© 2004 by George Soros

Photo de couverture © Sergei Guneyer/Saba

ISBN 2 10 007674 4

TABLE DES MATIÈRES

AVANT-PROPOS

JE CONSIDÈRE que la doctrine Bush de l'action militaire préventive est pernicieuse, et je suis loin d'être le seul. L'invasion de l'Irak, sa première mise en application, a provoqué une réaction allergique dans le monde entier, non parce que les gens avaient une opinion favorable de Saddam Hussein, mais parce que les États-Unis ont agi sans avoir de preuves convaincantes sur les liens présumés du dictateur avec Al-Qaida ou sur la détention par l'Irak d'armes de destruction massive.

Jamais auparavant l'Amérique n'aura eu une interprétation de la réalité aussi éloignée de celle du reste du monde. Partout, on estime que les États-Unis ont abusé de leur position dominante, alors que l'opinion publique américaine reste persuadée que Saddam Hussein constituait « un danger clair et présent » pour la sécurité des Etats-Unis. Ce n'est que depuis l'occupation de l'Irak que celle-ci commence à se rendre compte qu'elle a été trompée.

Je prétends pour ma part que l'administration de M. Bush a sciemment exploité les événements du 11 septembre pour s'engager dans une voie politique que la population américaine n'aurait pas acceptée en d'autres circonstances. Son rêve de suprématie mondiale est à la fois irréalisable et en contradiction avec les principes qu'incarnent traditionnellement les États-Unis. Il sape les valeurs et la sécurité du pays. Et, compte tenu de la puissance de celui-ci, il met en péril le monde entier.

L'Amérique bénéficie aujourd'hui d'une supériorité internationale que nul autre État, ni groupement d'États, n'est à même de lui disputer dans un avenir proche. Elle ne peut donc la perdre qu'en raison de ses propres erreurs. Or elle est justement en train de commettre des erreurs de cet ordre, car son destin se trouve entre les mains d'un groupe d'extrémistes dont la conviction missionnaire n'a d'égale que les fausses certitudes. En abusant de la place qu'occupent les États-Unis dans le monde, ces extrémistes affaiblissent leur pays plutôt qu'ils ne le renforcent.

Assurément, ce sont là des paroles de défi contre lesquelles certains s'insurgeront avec véhémence. Hélas ! elles sont justifiées par la gravité de la situation, car nous ne vivons pas une époque ordinaire. Je me suis donc assigné comme objectif de convaincre les électeurs américains d'écarter George W. Bush du pouvoir lors du prochain scrutin présidentiel. Nous avons été trompés. Pendant sa campagne électorale de 2000, l'actuel chef de l'État nous avait promis une politique étrangère mesurée, pas la doctrine Bush. S'il perd l'élection de 2004, on se souviendra de cette doctrine comme d'une aberration passagère et l'Amérique pourra reprendre la place qui lui revient sur l'échiquier international. Mais s'il obtient un second mandat, l'électorat aura plébiscité cette politique et sera donc obligé d'en supporter les conséquences. Cela dit, il ne suffit pas de battre M. Bush dans l'arène électorale. L'Amérique doit aussi repenser son rôle dans le monde et adopter une vision plus constructive.

Ma réaction épidermique aux excès du gouvernement de M. Bush s'explique en grande partie par mes origines. Jeune juif dans la Hongrie des années 1940, j'ai subi tour à tour les occupations nazie et soviétique, qui m'ont appris très tôt à quel point le système politique peut peser sur votre survie. Ainsi, quand le président Bush lance : « Ou vous êtes avec nous, ou vous êtes contre nous[1] », j'entends sonner un signal d'alarme. De même, John Ashcroft, le ministre américain de la Justice, me rappelle de bien sinistres souvenirs lorsqu'il déclare : « À ceux qui effraient les gens épris de paix avec les fantômes de la liberté perdue, mon message est celui-ci : vos tactiques ne font qu'aider les terroristes, parce qu'elles érodent notre unité nationale et diminuent notre résolution. Elles donnent des munitions aux ennemis de l'Amérique et créent la confusion chez ses amis[2]. » Je note avec consternation que la population américaine dans son ensemble ne s'en alarme pas autant que moi. Ce n'est pas là l'Amérique que j'ai choisie autrefois comme patrie.

J'ai quitté la Hongrie en 1947 pour la Grande-Bretagne, d'abord pour faire des études à la London School of Economics. C'est là que j'ai découvert et été influencé par le philosophe Karl Popper, notamment par son analyse de la différence entre sociétés ouvertes et sociétés fermées. Par la suite, après avoir connu un succès certain sur les marchés financiers, j'ai mis sur pied un réseau de fondations destiné à favoriser l'émergence de sociétés ouvertes. Ayant ainsi œuvré en faveur de la démocratie dans différentes régions de la planète, je m'estime en mesure de contribuer à une réflexion sur la place des États-Unis dans le monde.

1. Discours prononcé le 20 septembre 2001 devant une séance conjointe du Sénat et de la Chambre des représentants.
2. Déclaration faite le 6 décembre 2001 à la commission judiciaire du Sénat.

Pour ce faire, je m'inspire d'un cadre conceptuel que j'ai commencé à élaborer du temps où j'étais étudiant et que je n'ai cessé d'affiner depuis, à la lumière de mon expérience. Il se distingue à maints égards des idées les plus courantes de notre époque. Certains des mots que j'utilise — société ouverte, réflexivité, inéluctable faillibilité humaine, fictions fécondes, principe d'incertitude appliqué à l'homme, phases du cycle essor-effondrement — pourront étonner le lecteur. Je fournis dans une annexe un bref aperçu de ce cadre conceptuel.

Ce livre s'inscrit dans le prolongement de mon ouvrage précédent, *Guide critique de la mondialisation*[1], dans lequel j'examinais nos institutions financières et commerciales internationales (IFCI) tout en proposant des moyens d'en accroître l'efficacité. À l'époque, je me souciais principalement des excès des intégristes du libéralisme, qui s'opposent à toute entrave, quelle qu'elle soit, aux forces du marché. Ils attaquent nos IFCI par la droite, tandis que le mouvement altermondialiste le fait par la gauche. Dans ce livre, j'identifiais les carences du système capitaliste mondial et je soutenais que, pour y remédier, il convenait de réformer et de renforcer nos institutions financières et commerciales internationales plutôt que de les détruire. Je défendais là, cela va sans dire, des thèses contraires à l'orientation de l'administration Bush, mais les événements du 11 septembre avaient suscité aux États-Unis un élan de réflexion nationale qui pouvait se révéler propice à une transformation des mentalités ; je ne voulais donc pas laisser passer cette occasion.

1. Paris, Plon, 2002.

Or le président Bush a conduit l'Amérique — et le monde entier — dans une tout autre direction, exploitant l'attaque du 11 septembre pour affirmer le droit des États-Unis à l'action militaire préventive. Aujourd'hui, ce sont les dérives de cette doctrine qui m'inquiètent en premier lieu. Le gouvernement du pays le plus puissant de la planète se trouve entre les mains d'extrémistes qui ne jurent que par un darwinisme social des plus primaires. La vie se résume, selon eux, à une lutte pour la survie que l'on ne remporte que si l'on compte essentiellement sur l'usage de la force. Vision on ne peut plus déformée : en réalité, la survie du plus apte dépend tout autant de la coopération que de la compétition. La recherche de la supériorité militaire s'apparente d'ailleurs à l'intégrisme des marchés, qui, lui aussi, privilégie la compétition au détriment de la coopération. Quoi qu'il en soit, l'administration Bush a réussi à entraîner le pays derrière elle en criant au terrorisme.

Avant le 11 septembre, le fonctionnement normal de la démocratie américaine a pu maintenir dans les limites de l'acceptable les excès de cette idéologie erronée. Ensuite, la guerre contre le terrorisme a provisoirement fait taire les critiques et sortir le pays de la normalité. Mais c'est avec l'invasion de l'Irak que nous sommes véritablement entrés dans ce que j'appelle un *territoire loin de l'équilibre.* Je vois un certain parallèle entre la recherche de la suprématie américaine et les fluctuations extrêmes que l'on constate de temps en temps sur les marchés financiers. Aujourd'hui, la bulle est en train d'éclater. Ce livre a pour ambition d'expliquer les origines du terrible gâchis où nous nous trouvons actuellement et d'indiquer le rôle que devraient jouer les États-Unis dans le monde. Je soumettrai la politique de l'administration Bush à un examen critique dans la première partie, avant d'ébaucher dans la deuxième partie une vision constructive du rôle de l'Amérique.

PARTIE 1

UN REGARD CRITIQUE

1

LA DOCTRINE BUSH

TOUT LE MONDE ou presque s'accorde à dire que l'attaque terroriste du 11 septembre 2001 marque une rupture dans l'Histoire, mais il faut se demander pourquoi au juste. Comment se fait-il qu'un seul événement, eût-il entraîné la mort de 3 000 civils, ait pu avoir un tel retentissement ? L'explication se trouve moins dans la nature de l'événement lui-même que dans la manière dont les États-Unis, sous la direction de M. Bush, y ont riposté.

Certes, l'attaque terroriste revêt déjà en soi une grande importance historique. Détourner des avions bien remplis pour les transformer en instruments d'attentats-suicide était une idée audacieuse, et sa mise en œuvre n'aurait guère pu être plus spectaculaire. La destruction du World Trade Center a véhiculé un message symbolique qui a fait le tour du monde, et la possibilité de regarder l'événement chez soi, à la télévision, lui a conféré une puissance psychologique sans précédent dans les annales du terrorisme.

Celui-ci cherche, par définition, à semer la terreur, et l'attaque du 11 septembre a pleinement atteint cet objectif. La plupart des habitants des États-Unis en ont été profondément ébranlés, tant individuellement que collectivement. Jusqu'alors, l'idée que le sol américain puisse être attaqué et qu'eux-mêmes puissent directement en souffrir ne les avait jamais effleurés. Le 11 septembre a fait voler en éclats le sentiment de sécurité qu'avait la population. Un climat de normalité a cédé la place à un climat d'urgence absolue.

Il n'empêche : cet événement singulier n'aurait pu infléchir à ce point le cours de l'Histoire si le président Bush n'y avait pas réagi comme il l'a fait. Il a déclaré la guerre au terrorisme et, sous cette bannière, a opéré un tournant radical de politique étrangère, en mettant en œuvre un programme qui avait été élaboré avant la tragédie du 11 septembre.

Ce programme repose sur le raisonnement suivant :

- dans les relations internationales, la puissance fonde le droit, le droit ne faisant qu'entériner les rapports de force instaurés dans les faits ;
- les États-Unis étant incontestablement la puissance dominante de l'après-guerre froide, ils ont les moyens d'imposer leur vision, leurs intérêts et leurs valeurs au reste du monde ;
- les autres pays ne peuvent que bénéficier de leur adhésion au modèle américain, qui a amplement démontré sa supériorité ;
- sous ses gouvernements précédents, l'Amérique n'a toutefois pas tiré pleinement parti de sa puissance, et c'est cette erreur qu'il s'agit aujourd'hui de corriger ;
- les États-Unis doivent donc affirmer leur suprématie mondiale.

Cette conception de la politique étrangère fait partie d'une idéologie d'ensemble que l'on a coutume d'appeler le néoconservatisme, mais que je préfère désigner comme une forme grossière de darwinisme social. Pourquoi grossière ? Parce qu'elle ne tient pas compte du rôle de la coopération dans la lutte pour la survie. Dans l'économie, la concurrence oppose des entreprises, alors que dans les relations internationales elle met face à face des États. Ainsi, le darwinisme social se traduit dans un cas par l'intégrisme des marchés, dans l'autre par la recherche de l'hégémonie américaine.

Tous les acteurs de l'administration Bush ne souscrivent certes pas à cette idéologie, mais les néoconservateurs constituent un noyau influent au sein de l'exécutif, et leur influence s'est beaucoup amplifiée depuis le 11 septembre. Leurs idées sont bien résumées dans la charte publiée en 1997 par le Project for the New American Century, institut de réflexion politique de ce courant de pensée. Déjà en 1992, alors que le père de l'actuel président Bush occupait la Maison-Blanche, le ministère de la Défense avait rédigé un mémorandum d'une teneur semblable qui, face aux critiques qu'il avait soulevées, avait dû être retiré. Cela vaut la peine de reproduire in extenso la charte de 1997, ainsi que les noms de ses signataires [1].

Charte des principes

La politique étrangère et militaire des États-Unis est aujourd'hui à la dérive. Certains conservateurs ont critiqué les incohérences de l'administration de M. Clinton et ont également résisté aux tendances isolationnistes dans leurs propres rangs. Mais ils n'ont

1. Site web : http://www.newamericancentury.org

pas avancé hardiment une vision stratégique du rôle de l'Amérique dans le monde, pas plus qu'ils n'ont énoncé les principes devant guider la politique étrangère du pays. Obnubilés par leurs divergences tactiques, ils sont restés aveugles aux possibilités d'accord sur les objectifs stratégiques. Enfin, ils n'ont pas milité en faveur d'un budget de la Défense capable d'assurer la sécurité des États-Unis et de favoriser les intérêts américains dans le siècle naissant.

Notre intention est de changer cet état de fait. Nous comptons présenter les arguments en faveur de l'hégémonie mondiale de l'Amérique et rallier des soutiens à cet objectif.

Alors que le XXe siècle tire à sa fin, l'Amérique s'affirme comme la puissance prééminente de la planète. Ayant conduit la lutte victorieuse de l'Occident dans la guerre froide, elle se trouve désormais devant une chance qui est aussi un défi : les États-Unis ont-ils la vision nécessaire pour prolonger leurs réussites des décennies précédentes ? Ont-ils la détermination requise pour modeler le siècle à venir au mieux des principes et des intérêts américains ?

Nous courons aujourd'hui le risque de laisser passer cette chance et de ne pas relever ce défi. Nous vivons du capital — investissements dans le domaine militaire ainsi que succès en matière de politique étrangère — accumulé par les gouvernements précédents. La réduction des budgets consacrés aux affaires internationales et à la Défense, le manque d'attention porté aux outils de gouvernement et l'inconstance du leadership concourent à rendre de plus en plus difficile le maintien de l'influence américaine dans le monde. Par ailleurs, l'appât d'avantages commerciaux immédiats menace de prendre le pas sur des considérations stratégiques. Ainsi, nous sommes en train de compromettre la capacité de la nation à affronter les dangers du présent et de se préparer pour les défis encore plus grands qui nous attendent.

Les éléments clés de la réussite de l'administration de Ronald Reagan semblent avoir été oubliés : de puissantes forces armées, prêtes à relever les défis d'aujourd'hui et de demain, une politique étrangère qui œuvre hardiment et délibérément pour promouvoir les principes de l'Amérique dans le monde et une direction nationale qui assume les responsabilités internationales des États-Unis.

Certes, les États-Unis doivent rester prudents quant à la manière d'exercer leur pouvoir. Mais nous ne saurions fuir ni les responsabilités du leadership mondial ni les coûts qu'entraîne son exercice. L'Amérique a un rôle primordial à jouer dans le maintien de la paix en Europe, en Asie et au Moyen-Orient. S'y dérober serait laisser le champ libre à ceux qui pourraient vouloir porter atteinte à nos intérêts fondamentaux. L'histoire du XXe siècle aurait dû nous apprendre l'importance de prendre l'initiative avant que des crises n'éclatent, et d'affronter les menaces avant qu'elles ne deviennent graves. Elle aurait dû nous inciter à épouser la cause du leadership américain.

Notre but est de rappeler ces leçons aux Américains et d'en dégager les conséquences pour aujourd'hui. En voici quatre :

– nous avons besoin d'augmenter sensiblement le budget de la Défense pour nous permettre d'assumer nos responsabilités internationales actuelles et de moderniser à l'avenir nos forces armées ;
– nous avons besoin de renforcer nos liens avec nos alliés démocratiques et de nous opposer aux régimes hostiles à nos intérêts et à nos valeurs ;
– nous avons besoin de défendre la cause de la liberté politique et économique dans le monde ;
– nous avons besoin d'assumer le rôle exceptionnel des États-Unis comme puissance qui assure et qui développe un ordre international propice à notre sécurité, à notre prospérité et à nos principes.

Cette politique reaganienne de puissance militaire et de clarté morale n'est peut-être pas à la mode aujourd'hui. Mais elle est indispensable si nous souhaitons bâtir sur nos succès du siècle précédent et assurer notre sécurité et notre grandeur dans le siècle à venir.

Elliott Abrams - Gary Bauer - William J. Bennett - Jeb Bush - Dick Cheney - Eliot A. Cohen - Midge Decter - Paula Dobriansky - Steve Forbes - Aaron Friedberg - Francis Fukuyama - Frank Gaffney - Fred C. Ikle - Donald Kagan - Zalmay Khalilzad - I. Lewis Libby - Norman Podhoretz - Dan Quayle - Peter W. Rodman - Stephen P. Rosen - Henry S. Rowen - Donald Rumsfeld - Vin Weber - George Weigel - Paul Wolfowitz

En 1998, plusieurs des signataires de ce texte adressèrent une lettre ouverte au président Clinton dans laquelle ils plaidaient en faveur d'une invasion de l'Irak. Or, cinq ans plus tard, ils furent les organisateurs de celle-ci, Dick Cheney en tant que vice-président, Donald Rumsfeld en tant que ministre de la Défense, Paul Wolfowitz comme son adjoint, Zalmay Khalilzad comme envoyé spécial de la Maison-Blanche et les autres comme militants ou idéologues, à l'intérieur et à l'extérieur du gouvernement[1]. Ce groupe avait donc déjà une idée claire de l'orientation qu'il souhaitait imprimer à la politique américaine et, lorsque l'attaque du 11 septembre lui en a fourni l'occasion, il s'en

1. Elliot Abrams est le principal conseiller du président Bush pour les affaires du Proche-Orient et de l'Afrique du Nord, au sein du Conseil de sécurité nationale. Gary Bauer, candidat à la présidence en 2000, est le président d'American Values. William J. Bennett est éditorialiste conservateur et « distinguished fellow » de la Heritage Foundation. Jeb Bush, frère du président, est gouverneur de Floride. Eliot Cohen est professeur d'études stratégiques à la School of Advanced International Studies de l'université Johns Hopkins et siège au Conseil politique du ministère de la Défense. Midge Decter est éditorialiste conservatrice et auteur d'une récente biographie de Donald Rumsfeld. Paula Dorbriansky est sous-secrétaire pour les affaires internationales au département d'État. Steve Forbes, candidat à la présidence en 2000, est le PDG de Forbes. Aaron Friedberg est professeur de sciences politiques et de relations internationales à l'université Princeton. Francis Fukuyama est professeur d'économie politique internationale à la School of Advanced International Studies de l'université Johns Hopkins, et siège au Conseil de bioéthique du Président. Frank Gaffney est président du Center for Security Policy. Fred Ikle est « distinguished scholar » au Center for Strategic and International Studies et siège au Conseil politique du ministère de la Défense. Donald Kagan est professeur d'histoire et de lettres classiques à l'université Yale. Lewis Libby est le secrétaire général de Dick Cheney. Norman Podhoretz est « senior fellow » du Hudson Institute et directeur du magazine *Commentary*. Dan Quayle, ancien vice-président des États-Unis, siège au Conseil politique du ministère de la Défense. Peter Rodman est vice-ministre de la Défense chargé de la sécurité internationale. Stephen Rosen est professeur de sécurité nationale et d'études stratégiques à l'université Harvard. Henry Rowen est « senior fellow » de la Hoover Institution et siège au Conseil politique du ministère de la Défense. Vin Weber est associé du cabinet de conseil Clark and Weinstock. George Weigel est « senior fellow » de l'Ethics and Public Policy Center.

est aussitôt emparé, sans jamais révéler l'ensemble de ses objectifs. La plupart des Américains ne connaissent toujours qu'une partie de l'histoire.

Avant l'attentat contre les tours jumelles, la mise en œuvre de la stratégie des idéologues du Project for the New American Century se heurtait à deux grands obstacles. D'abord, George W. Bush s'était installé à la Maison-Blanche sans avoir véritablement obtenu le mandat du peuple : il devait son élection à une seule voix de la Cour suprême. Ensuite, l'Amérique n'avait pas d'ennemi clairement défini dont l'existence aurait pu justifier une forte hausse des dépenses militaires. Mais, si la stratégie préconisée avant le 11 septembre n'était pas identique à celle qui a été adoptée par la suite — elle donnait en effet la priorité au bouclier anti-missiles plutôt qu'à la lutte contre le terrorisme —, les deux trouvent leur inspiration dans une source commune : la volonté d'instaurer de façon unilatérale la domination américaine sur le monde.

L'attentat du World Trade Center a permis de balayer d'un seul coup l'un et l'autre obstacle. Le président Bush a déclaré la guerre au terrorisme et le pays s'est rangé derrière lui. Conforté par cette réaction, le gouvernement s'est employé à exploiter le 11 septembre à ses propres fins. Pour réduire ses détracteurs au silence et s'assurer un soutien indéfectible, il a tout mis en œuvre pour attiser la peur qui avait saisi le pays. Puis il s'est servi de la guerre contre le terrorisme pour réaliser son rêve d'hégémonie. C'est en cela que les événements du 11 septembre ont modifié le cours de l'Histoire.

Entendons-nous bien. Il n'est pas en soi répréhensible de vouloir tirer politiquement parti d'un événement. Il appartient au président de diriger et, partant, il n'y a rien de plus naturel que d'exploiter les faits, si besoin est en les présentant de façon déformée, pour faire accepter son programme politique. Mais ce sont les orientations défendues par M. Bush et sa façon de les imposer qui posent problème, car il engage les États-Unis et le monde sur une pente très dangereuse.

L'IDÉOLOGIE DE LA SUPRÉMATIE AMÉRICAINE

L'idéologie de la suprématie américaine incarnée par l'administration Bush est en contradiction avec les principes de la société ouverte car elle repose sur l'idée qu'il est possible de détenir une vérité absolue. Elle postule que, en raison de sa puissance supérieure, l'Amérique sait assurément ce qui est dans l'intérêt du monde et a forcément le droit de son côté. C'est là que le fondamentalisme religieux rejoint l'intégrisme des marchés pour dessiner l'idéologie de l'hégémonie américaine. La toute première phrase de la déclaration la plus récente sur la stratégie de sécurité nationale des Etats-Unis en dit long : « Les grandes luttes du XXe siècle entre liberté et totalitarisme se sont soldées par la victoire décisive des forces de la liberté et du seul modèle durable de succès national : liberté, démocratie et entreprise privée. »

Cette affirmation est fausse à deux titres. D'une part, il n'existe pas de modèle unique en la matière. D'autre part, le modèle qui a certes fait ses preuves aux États-Unis n'est pas à la portée des autres pays, puisqu'il dépend avant tout de la place qu'occupe l'Amérique au cœur du système capitaliste international, place que l'Amérique n'envisage pas de céder à quiconque.

La doctrine Bush, énoncée pour la première fois dans le discours prononcé par le président en juin 2002 à West Point, puis intégrée à la stratégie de sécurité nationale en septembre 2002, repose sur deux piliers : d'abord, les États-Unis se donnent tous les moyens de conserver leur suprématie militaire écrasante et, ensuite, ils s'arrogent le droit de frapper de façon préventive. Deux catégories de souveraineté se dessinent ainsi : celle des États-Unis, qui prime les obligations et traités internationaux, et celle des autres pays, subordonnée à la doctrine Bush. Ce n'est pas sans rappeler *la Ferme des animaux* de George Orwell : tous les animaux sont égaux, mais il y en a qui le sont plus que d'autres.

Cette doctrine ne s'exprime évidemment pas aussi crûment : elle est masquée par un double discours tout orwellien. Mais ces astuces sémantiques dissimulent en réalité la contradiction entre liberté et démocratie telles que définies par l'administration Bush et ces mêmes principes pris dans leur sens véritable. L'idée de diffuser la démocratie dans le monde revient sans cesse dans les discours sur la stratégie de sécurité des Etats-Unis. Lorsque le président Bush nous assure, et cela lui arrive souvent, que la « liberté » triomphera, il veut dire que *l'Amérique* triomphera. Si je réagis au quart de tour à ce double discours orwellien, c'est parce que je l'ai bien connu en Hongrie sous le régime nazi et par la suite sous le communisme.

Dans son allocution devant le Congrès, neuf jours après le 11 septembre 2001, M. Bush déclara : « La marche vers la liberté humaine — grande réalisation et grande espérance de notre époque — dépend désormais de nous. Notre pays, la génération actuelle, libérera notre peuple et notre avenir d'une sombre menace de violence. C'est grâce à nos efforts et à notre courage que nous rallierons le monde entier derrière cette bannière[1]. » Or, dans une société libre et ouverte, les individus sont censés décider par eux-mêmes du sens qu'ils donnent aux mots *liberté* et *démocratie* plutôt que se contenter de suivre les indications des États-Unis.

L'occupation actuelle de l'Irak met bien en lumière cette contradiction. Les soldats américains débarquent en « libérateurs », mais une grande partie de la population irakienne ne les perçoit pas comme tels. Si le déroulement de la campagne militaire a dépassé toutes les attentes, l'occupation s'est transformée en désastre.

Le manque de réflexion et de préparation concernant les lendemains de l'invasion laisse pantois, d'autant que nombre de critiques avaient abondamment insisté sur les difficultés à prévoir. On ne peut expliquer cette faiblesse que par la confusion mentale du président Bush, dont les partisans de l'invasion ont su profiter. Celui-ci assimile la liberté aux valeurs américaines et fait preuve d'un grand simplisme moral : nous avons raison, eux ont tort. Encore une fois, c'est contraire à l'esprit de la société ouverte, qui reconnaît que nous-mêmes nous pouvons nous tromper.

Il est paradoxal que le gouvernement de la société la plus ouverte du monde soit tombé entre les mains d'un groupe d'idéologues qui ignorent les principes les plus élémentaires d'une telle société. Qui eût cru il y a soixante ans, lors-

1. George W. Bush, discours prononcé le 20 septembre 2001 devant une séance conjointe du Sénat et de la Chambre des représentants. Le texte intégral est disponible sur www.whitehouse.gov/news/releases/2001/09/20010920-8.html.

que Karl Popper écrivait *La Société ouverte et ses ennemis*[1], que les États-Unis en viendraient à constituer une menace pour l'existence de la société ouverte ? C'est pourtant ce qui s'est passé. À l'intérieur, John Ashcroft, ministre de la Justice, a profité de la lutte antiterroriste pour restreindre les libertés. À l'extérieur, l'Amérique cherche à imposer par la force militaire ses idées et ses intérêts, et elle a proclamé dans la doctrine Bush son droit à le faire.

L'invasion de l'Irak est la première application concrète de cette doctrine, et elle s'avère contre-productive. Un gouffre s'est ouvert entre l'Amérique et le reste du monde, dont Oussama Ben Laden doit certainement se réjouir. Par sa déclaration de guerre au terrorisme, le président Bush a fait le jeu des terroristes.

LA RUPTURE

Les événements du 11 septembre ont introduit une rupture dans la politique étrangère américaine. Ils ont créé un sentiment d'urgence que l'administration Bush a su exploiter à ses propres fins. Des mesures qui, aux États-Unis, auraient provoqué un tollé en temps ordinaires, ont fini par être jugées adaptées à la nouvelle situation ; le président du pays est désormais au-dessus de la critique, car quiconque oserait le critiquer en pleine guerre contre le terrorisme serait taxé de traître à la patrie. Or, n'en déplaise aux auteurs du Project for the New American Century, cette politique n'a pas renforcé les liens entre l'Amérique et ses alliés, bien au contraire : elle fait obstacle à la coopéra-

1. Le Seuil, 1979.

tion internationale. Une brèche sans précédent s'est ouverte entre les États-Unis et ce que Donald Rumsfeld appelle la « vieille Europe », car ceux-ci exigent de leurs alliés une soumission aveugle. Certains, dont Jacques Chirac, y ont résisté au risque même de mettre en péril leurs intérêts nationaux. D'autres, comme Tony Blair, premier ministre britannique, se sont ralliés aux thèses américaines dans l'espoir de peser sur les comportements de Washington, mais ils se sont vite retrouvés en porte-à-faux vis-à-vis de leur électorat. Il est difficile, avouons-le, pour une démocratie comme le Royaume-Uni d'être l'alliée d'un pays décidé à agir unilatéralement.

La rupture en question s'explique par la décision de l'administration Bush de pousser à l'extrême certaines tendances idéologiques déjà présentes aux États-Unis avant l'élection de ce dernier. Depuis la candidature de Barry Goldwater à la présidence, en 1964, le Parti républicain subit l'emprise d'une drôle d'alliance entre les fous de Dieu et les fous du marché. Les deux groupes fonctionnent en symbiose : les intégristes religieux fournissent à la fois un antidote et une couverture à l'amoralité du marché. Mariage contre nature ? Sans doute, mais protégé par son succès : ensemble, les deux fondamentalismes ont réussi à dominer le Parti républicain.

Hier encore, le pendant naturel de l'intégrisme des marchés en politique étrangère était le réalisme géopolitique ; celui-ci nous apprend que les États ont vocation à défendre — et défendent effectivement — leurs intérêts nationaux. La volonté de suprématie américaine est une extrapolation délirante de cette idée, révélatrice du fait que les États-Unis sont la seule superpuissance aujourd'hui debout. Les néoconservateurs ajoutent au réalisme géopolitique une dose de ce zèle missionnaire qui lui manque habituellement. Ils croient à la supériorité absolue du modèle américain et veulent en faire bénéficier le reste du monde. Voilà l'origine de la curieuse idée selon laquelle on pourrait imposer la démocratie par la force militaire dans un pays comme l'Irak. Mais, en dépit de leur influence, les partisans de la suprématie américaine n'auraient jamais pu l'emporter en l'absence d'un événement comme le 11 septembre. C'est ainsi que la politique étrangère des États-Unis est entrée dans ce que j'appelle un *territoire loin de l'équilibre.*

Le pays se trouve actuellement en proie à une idéologie extrémiste qui est en train de transformer non seulement le rôle de l'Amérique dans le monde, mais aussi son caractère même. Pourquoi employer le mot *extrémiste ?* Parce que j'estime que cette idéologie ne correspond pas du tout aux valeurs et aux convictions de la plupart des Américains. Elle domine le législatif tout autant que l'exécutif du pays, et le président Bush a lancé une campagne qui vise à l'imposer également au pouvoir judiciaire. La dissension n'est plus admise. Le pays est gouverné avec une dureté et un autoritarisme inconnus auparavant. Le noyau modéré du Parti républicain subit pour sa part une éviscération progressive[1]. La critique, fonction indispensable à toute société ouverte, est étouffée et dénoncée comme antipatriotique. La politique de M. Bush a également d'autres

1. Quand deux représentants de cette tendance, les sénateurs Olympia Snowe et George Voinovich, insistèrent par conservatisme gestionnaire sur l'importance de limiter le déficit budgétaire, ils furent sauvagement attaqués dans des spots à la télévision. Comble d'infamie, Mme Snowe se vit affublée d'un drapeau français…

effets ravageurs sur le plan intérieur : elle favorise les riches au détriment des pauvres et des classes moyennes en même temps qu'elle renforce l'alliance malsaine entre l'État et les grandes entreprises, dénoncée dans les années 1950 par le président Eisenhower sous le nom de « complexe militaro-industriel ».

Peu de gens se rendent compte de la gravité des changements en cours, soit parce qu'ils les interprètent comme la poursuite de tendances déjà en oeuvre depuis longtemps, soit parce qu'ils les mettent sur le compte de la lutte anti-terroriste. Il n'empêche : le 11 septembre marque le début d'une nouvelle ère dans laquelle on redéfinit l'anormal, le radical et l'extrême, de manière à les faire accepter comme normaux.

2

LA GUERRE CONTRE LE TERRORISME

LE TERRORISME constitue une menace redoutable pour notre sécurité — collective et individuelle — et il est de notre devoir de nous en protéger. Les kamikazes du 11 septembre nous ont pris au dépourvu, et nombre des mesures adoptées depuis lors sont nécessaires et appropriées. On pourrait même affirmer que l'Amérique est encore loin du compte si elle veut empêcher de nouveaux attentats. Mais il y a quelque chose de fondamentalement erroné dans la lutte antiterroriste menée par le président Bush. En effet, elle n'a pas grand-chose à voir avec l'éradication du terrorisme ou l'amélioration de la sécurité sur le territoire américain. Elle se sert au contraire de ces thèmes comme prétexte pour partir en guerre.

Il semblerait que, dans les soixante-douze heures suivant l'attaque du 11 septembre, l'équipe de M. Bush ait vécu un débat houleux pour définir une riposte adéquate. C'est finalement le discours belliciste qui l'a emporté[1].

Il est inexact et trompeur de parler de « guerre » dans le contexte de la lutte antiterroriste. Il serait plus juste de qualifier la destruction du World Trade Center de « crime ». Or un crime appelle l'intervention de la police, pas de l'armée. Pour se prémunir contre le terrorisme, il faut des mesures préventives, un travail de sensibilisation et la collecte de renseignements, autant d'efforts qui dépen-

1. Voir Bob Woodward, *Bush at War*, New York, Simon and Schuster, 2002, p. 42. Traduction française : *Bush s'en va-t-en guerre*, Denoël, 2003.

dent, en fin de compte, du soutien des populations parmi lesquelles se meuvent les terroristes. Imaginons un instant que l'attaque du 11 septembre ait été considérée comme un crime. Les États-Unis auraient certainement poursuivi Ben Laden jusqu'en Afghanistan, mais ils n'auraient pas envahi l'Irak. Pas plus qu'ils n'auraient assigné à leurs soldats la mission d'effectuer — en tenue de combat — un travail de police au risque d'y perdre leur vie.

L'image de la guerre contre le terrorisme convenait manifestement mieux à l'administration Bush, car elle évoquait la puissance militaire des États-Unis. Mais ce n'est pas ainsi que l'on viendra à bout du terrorisme[1]. L'action militaire suppose une cible identifiable, de préférence un État. C'est pour cela que la prétendue guerre a surtout visé des pays servant de refuge aux terroristes. Pourtant, ces derniers sont par définition des acteurs non étatiques, même s'ils bénéficient parfois de l'appui d'un État. Une lutte antiterroriste que l'on transforme en guerre ne peut que faire des victimes innocentes. Plus celles-ci sont nombreuses et plus l'amertume provoquée par cette injustice risque de pousser les victimes à des actes de vengeance.

DE VICTIME À BOURREAU

La victime qui se transforme en bourreau est un syndrome souvent observé, tant chez les individus que parmi les grou-

1. « L'utilisation, ou plutôt l'abus, du mot *guerre* n'est pas uniquement affaire de droit ou d'ergotage sémantique. Elle a des conséquences autrement profondes et dangereuses. Déclarer que l'on est en guerre, c'est créer aussitôt une psychose de guerre qui risque d'aller à l'encontre du but recherché. C'est susciter l'espérance et l'exigence d'une action militaire spectaculaire contre un adversaire facilement identifiable, de préférence un État hostile, censée donner des résultats décisifs. » Michael Howard, « What's In a Name ? How to Fight Terrorism », *Foreign Affairs* 81, n° 1 (janvier-février 2002), p. 9.

pes[1]. On le constate chez bon nombre de chefs d'État notoirement répressifs. Mahathir ben Mohamad en Malaisie, Robert Mugabe au Zimbabwe, font fréquemment référence aux exactions commises sous le colonialisme, tout en se livrant à des actes de répression féroces.

Le cas peut-être le plus poignant et le plus complexe est celui d'Israël. Les juifs furent victimes de l'Holocauste, que l'on pourrait expliquer en partie comme un processus de transformation de victimes en bourreaux. Hitler accéda au pouvoir en exploitant la vague de ressentiment provoquée par un traité de paix qui écrasait l'Allemagne et par l'inflation galopante des années 1920. Bref, il sut tirer parti du sentiment qu'avaient beaucoup d'Allemands d'être victimes. Que ce sentiment ait été fondé ou fantasmatique, le statut de victime ne fait guère de doute dans le cas des juifs. Certains d'entre eux, obéissant naïvement aux ordres, se laissèrent conduire à la mort, phénomène dont je fus personnellement témoin à l'âge de treize ans, à Budapest[2].

Après la guerre, les juifs eurent recours au terrorisme pour arracher aux Anglais la création d'un État à eux en

1. Erich Fromm a été le premier à répandre cette idée dans son livre *La Passion de détruire : anatomie de la destructivité humaine,* Paris, Laffont, 1975. Par la suite, le criminologue Lonnie H. Athens, dans *The Creation of Dangerous Violent Criminals,* New York, Routledge, 1989, a rassemblé les études de cas concernant plusieurs des criminels les plus violents accueillis par les prisons américaines. Il y décèle ce thème récurrent : un jeune, victime de maltraitances, choisit pour modèle un bourreau et commence à l'imiter, puis, ayant découvert qu'il peut le faire avec impunité, il pousse sa violence à l'extrême.
2. Je travaillais à cette époque pour le *Judenrat* (Conseil juif) de Budapest comme courrier. Un jour, je fus chargé de remettre à des avocats juifs l'ordre de se présenter le lendemain au séminaire rabbinique en emportant des vêtements et de la nourriture. Lorsque je montrai l'avis à mon père, également avocat, il me dit de prévenir les destinataires qu'ils allaient être déportés. J'en informai l'un d'eux qui me répondit : « Ils ne peuvent pas me faire cela. J'ai toujours été respectueux des lois. »

Palestine. Attaqué ensuite par les armées des pays arabes, Israël occupa des territoires supplémentaires en expulsant nombre de leurs habitants. Ces victimes arabes finirent elles aussi par devenir des bourreaux, et les Israéliens eurent à subir des attentats terroristes. Israël prit alors l'habitude de riposter par des représailles vigoureuses, élargissant par là le cercle des victimes arabes. Itzhak Rabin fit une tentative courageuse, avec les accords d'Oslo de 1993, pour sortir de ce cercle vicieux ; et il était si près d'y parvenir qu'un extrémiste juif jugea nécessaire de l'assassiner en 1995. De nouvelles initiatives se heurtèrent au refus de Yasser Arafat qui trouve probablement son compte dans la pérennisation de ce conflit ; il a sans doute compris que l'avènement d'un État palestinien en paix avec Israël marquerait la fin de son pouvoir. La situation s'est détériorée au point que les attentats-suicides sont devenus banals. D'un côté comme de l'autre, les bourreaux sont aujourd'hui aux commandes. On attribue à Ariel Sharon, actuellement premier ministre d'Israël, la responsabilité du massacre perpétré en 1982 dans les camps de réfugiés palestiniens de Sabra et Chatila, au Liban. Palestiniens et Israéliens sont enfermés dans une escalade de violences sans fin.

La politique des représailles n'est pas entièrement dépourvue de logique. Les terroristes ont besoin d'une organisation et de soutiens extérieurs. Si l'on parvient à frapper ceux-ci, on peut éventuellement détruire l'organisation. Israël, qui tire parti de ses excellents services de renseignement et de son acharnement à se défendre, a longtemps réussi à tenir en échec les terroristes et à brillamment contre-attaquer. Hélas ! le terrorisme est toujours là. Il réapparaît chaque fois que les méthodes pacifiques montrent leur inefficacité. À Djénine, pendant la deuxième Intifada, il fallut près de six mois, au cours desquels une cinquantaine d'habitants furent tués, avant que la ville ne produise son premier kamikaze. Depuis, elle se distingue comme une source majeure de terroristes suicidaires. La ville a alors été soumise à un état de siège qui a coûté la vie à quatorze soldats israéliens et à un nombre inconnu d'habitants[1].

Sous l'administration Bush, l'Amérique a connu une transformation analogue de victime en bourreau, même si l'opinion américaine répugne à le reconnaître. Le 11 septembre 2001, le pays a subi un crime odieux et le monde entier lui a témoigné une solidarité aussi spontanée que sincère. Depuis lors, la « guerre contre le terrorisme » a tué plus de civils innocents en Afghanistan et en Irak que les attentats des tours jumelles[2]. Ce rapprochement est rarement fait aux États-Unis, où les vies américaines semblent avoir plus de prix que les autres. Cette distinction, on s'en doute, paraît moins évidente aux autres peuples du monde.

1. L'enquête prévue par l'ONU a avorté quand le gouvernement israélien a exprimé son opposition à la composition de l'équipe d'établissement des faits nommée par le Secrétaire général. Empêchée de mener la moindre investigation sur le terrain, l'équipe ne se réunit qu'à Genève et fut dissoute le 3 mai 2002, quand il apparut clairement qu'il n'y avait pas moyen de vaincre les réticences israéliennes. Un rapport sur les événements de Djénine et d'autres lieux en Palestine fut néanmoins préparé. Voir « Rapport du Secrétaire général établi en application de la résolution ES-10/10 de l'Assemblée générale » (http://ods-dds-ny.un.org/doc/UNDOC/GEN/N02/499/57/IMG/N0249957.pdf?OpenElement
2. Selon le Projet Iraqi Body Count, le nombre de civils tués en Irak se situe entre 7 377 et 9 180 (http://www.iraqbodycount.net). Des estimations semblables pour l'Afghanistan donnent le chiffre de 3 500 morts environ pour ce pays (http://pub-pages.unh.edu/%7Emwherold/).

L'ANTIAMÉRICANISME

À vrai dire, depuis que les États-Unis se sont engagés dans la guerre contre le terrorisme, l'opinion mondiale a basculé en leur défaveur, et cela de façon impressionnante.

Le 12 septembre 2001, une réunion extraordinaire du Conseil de l'Atlantique Nord a invoqué l'article 5 du traité de l'OTAN pour la première fois de l'histoire de l'alliance, en exhortant tous les États membres à considérer l'attaque contre les États-Unis comme une attaque perpétrée sur leur propre sol. Le lendemain, *Le Monde* affichait en première page : « Nous sommes tous américains. » L'ONU a aussitôt exprimé son soutien au droit de l'Amérique de lancer des actions punitives contre Al-Qaida en Afghanistan.

À peine plus d'un an après, les États-Unis n'ont pas réussi à obtenir une résolution de l'ONU autorisant l'invasion de l'Irak et, en 2003, alors qu'ils auraient été bien contents d'obtenir l'engagement de la communauté internationale, ils ont dû affronter de fortes résistances. Des sondages réalisés en novembre 2002 révélaient qu'un bon tiers des Britanniques considérait George W. Bush comme une plus grande menace pour la paix que Saddam Hussein[1]. La situation ne s'est guère améliorée depuis : selon un nouveau sondage du mois de mars 2003, le pourcentage de la population anglaise ayant « une opinion favorable » des États-Unis avait chuté de façon spectaculaire (de 75 % à 48 %) par rapport aux niveaux constatés au milieu de 2002[2].

---

1. Voir Patrick Wintour et Ewen MacAskill, « One in Three Say Bush Is Biggest Threat », *Guardian,* 14 novembre 2002.
2. Voir Pew Research Center for the People and the Press, « America's Image Further Erodes, Europeans Want Weaker Ties », 18 mars 2003, n° 1, disponible à http://people-press.org/reports/pdf/175.pdf.

Une forte majorité de l'opinion mondiale était contre la guerre en Irak. Un million et demi d'Européens sont descendus dans la rue à la mi-février 2003 pour exprimer leur opposition à l'intervention américaine. Déjà en septembre 2002, Gerhard Schroeder s'était fait réélire en Allemagne sur un programme de refus de coopération avec les États-Unis sur ce dossier. Dans un élan semblable, l'électorat sud-coréen a porté à la présidence un candidat peu favorisé au départ mais néanmoins apprécié pour ses prises de position antiaméricaines. Et on découvre, à la lecture des sondages, qu'une majorité de Coréens du Sud estime leur sécurité davantage menacée par l'Amérique que par la Corée du Nord. Enfin, après la victoire de la Coalition, la plupart des Irakiens étaient heureux d'être débarrassés de Saddam Hussein, sans pour autant accueillir favorablement l'occupation américaine.

L'opinion américaine a connu une mutation inverse. Au lendemain du 11 septembre, les États-Unis sont passés par une période d'interrogations profondes et d'examens de conscience. La presse — quotidienne, périodique et universitaire — cherchait à comprendre les racines de l'antiaméricanisme qui règne dans le monde. Deux ans plus tard, on constate dans l'opinion américaine un durcissement général et des réactions négatives face à l'hostilité qui s'exprime à l'étranger. Si le reste du monde considère de plus en plus les États-Unis comme une « superpuissance voyou », les Américains, eux, se perçoivent avant tout comme victimes. La déclaration de Jacques Chirac, dans laquelle il menaçait d'opposer son veto à une résolution du Conseil de sécurité de l'ONU autorisant une action militaire en Irak, a déclenché un boycott spontané des produits français parmi les consommateurs américains. Pour sa part, la cantine du Congrès est allée jusqu'à rebaptiser les frites (connues sous le nom de *French fries*) « *freedom fries* » (ou « frites de la liberté »). Et les sorties de Donald Rumsfeld contre la « vieille Europe » ont trouvé un écho favorable dans le pays. Alors même que la population américaine commence à déchanter au sujet de George W. Bush, elle continue à en vouloir aux Français.

LA SUPERCHERIE

Les victimes qui se muent en bourreaux ont rarement conscience d'avoir subi une telle transformation, et cela vaut pour la population américaine comme pour les autres. La plupart des habitants du pays pensent que le terrorisme constitue une menace pour leur existence, tant sur le plan personnel que national, et que lui faire la guerre est un acte de légitime défense. L'idée qu'ils aient pu devenir eux-mêmes des bourreaux les choquerait certainement.

Il n'en va pas de même des croisés de la suprématie américaine au sein de l'administration actuelle, qui savent parfaitement ce qu'ils font. On le voit notamment dans la politique envers l'Irak. Comme nous l'avons déjà dit, nombre des acteurs du Project for the New American Century préconisaient dès 1998, dans une lettre ouverte au président Clinton, l'invasion de ce pays. Puis, après le 11 septembre 2001, ils ont prétendu que Saddam Hussein détenait des armes de destruction massive et entretenait des liens avec Al-Qaida. Ils étaient prêts à défendre cette thèse coûte que coûte, si besoin en était par la mystification et le mensonge délibéré.

À l'évidence, de tout autres raisons poussaient ces idéologues néoconservateurs à vouloir l'invasion : sans quoi, ils ne l'auraient pas réclamée trois ans avant les événements du 11 septembre. Ces raisons sont toutefois restées tacites. Il fallait faire entrer l'invasion de l'Irak dans le cadre de la guerre contre le terrorisme, car c'est cette guerre-là que le président affirmait avoir mandat de mener. M. Bush a personnellement dirigé la campagne de désinformation. Peut-être a-t-il été abusé par son entourage, mais, finalement, l'un n'empêche pas l'autre. Le débat sur l'Irak a été entièrement faussé. Suggérer que les États-Unis auraient pu agir pour favoriser leurs intérêts pétroliers, revenait à s'exposer à des accusation d'antipatriotisme, voire de traîtrise.

La guerre contre le terrorisme telle que la définit l'administration Bush ne peut être gagnée, car elle repose sur de faux prétextes. Elle conduit plus vraisemblablement à un état de guerre permanent. Les terroristes étant invisibles, ils ne disparaîtront jamais. Ils continueront à fournir une bonne excuse pour poursuivre la politique de suprématie américaine par voie militaire. Cette politique continuera à son tour à susciter des résistances, et la spirale de la violence sera enclenchée.

Le parallèle avec la guerre contre la drogue vient aussitôt à l'esprit : le remède ne convient pas à la maladie. L'usage de stupéfiants pose avant tout un problème de santé publique, pas de criminalité. On ne peut l'affronter sérieusement tant que l'on s'obstine à traiter les toxicomanes en malfaiteurs. Avec le terrorisme en revanche, on a bel et bien affaire à des actes criminels qui demandent un travail rigoureux d'investigation et de renseignement ainsi que le concours de la population, mais pas des actions militaires. Dans un cas comme dans l'autre, on parle trompeusement de guerre pour pouvoir justifier des mesures de répression [1].

UN NOUVEAU REGARD SUR LA MENACE TERRORISTE

Le terrorisme n'est pas un phénomène nouveau. Facteur important dans la Russie du XIXe siècle, il eut une grande influence sur le caractère du régime tsariste, justifiant le renforcement de la police secrète et le maintien d'un État autoritaire. Plus récemment, plusieurs pays européens — Italie, Allemagne, Espagne, Grèce, Royaume-Uni — ont eu à affronter des activités terroristes. Chacun d'eux a mis au moins une dizaine d'années pour en venir à bout, mais cette question n'a pas dominé la vie de ces pays pendant cette période.

Le détournement d'un avion à des fins d'attentats-suicidesss est, en revanche, une nouveauté, tout comme la possibilité qu'ont les terroristes d'aujourd'hui d'utiliser des armes de destruction massive. Il y a tout lieu de croire qu'Al-Qaida expérimentait des armes chimiques et biologiques en Afghanistan, et il faut prendre au sérieux la menace

1. Lorsque j'ai décidé d'étendre les activités de mon Open Society Foundation aux États-Unis, j'ai choisi la question de la drogue comme l'un des premiers domaines d'intervention. J'estimais que c'était là que le pays courait le plus grand risque de violer les principes de la société ouverte. Je ne prétendais pas détenir toutes les solutions, mais j'avais néanmoins une certitude : que la guerre contre la drogue faisait plus de mal que les stupéfiants eux-mêmes, et les recherches sur le terrain semblent confirmer mon intuition. En effet, les drogues tuent un nombre limité de personnes, en empêchent beaucoup plus à mener une vie normale et donnent des nuits blanches à bien des parents. Mais la guerre déclenchée par les pouvoirs publics a mis des millions d'individus derrière les barreaux, bouleversé des zones urbaines, surtout les quartiers défavorisés, et déstabilisé des pays entiers.

terroriste. Les kamikazes du 11 septembre nous ont pris au dépourvu ; nous ne pouvons nous permettre la même impréparation face à des attentats chimiques, biologiques ou nucléaires. Cette menace nous impose donc une vigilance sans faille, mais il n'est pas question de la laisser empoisonner toute notre existence.

Il est grand temps de repenser la lutte contre le terrorisme. La laisser devenir notre principale préoccupation, c'est faire le jeu des terroristes. C'est leur permettre de définir nos priorités à notre place. Quand on aborde les événements du 11 septembre, il faut raison garder. La mort de trois mille personnes innocentes est une tragédie humaine colossale, mais elle ne met pas en péril l'existence de l'Amérique en tant que pays. Placer la menace posée par Al-Qaida sur le même plan qu'une guerre nucléaire, c'est se rendre coupable d'une exagération absurde que l'on ne peut défendre qu'en assimilant terrorisme et armes de destruction massive.

Notons par ailleurs que cette dernière expression est mal choisie, car ces trois catégories d'armes n'ont pas grand-chose en commun [1]. Jusqu'à présent, les armes chimiques et biologiques viennent très loin derrière les armes nucléaires pour ce qui est de leur capacité de destruction. Mais leur impact reste en partie inconnu et elles sont plus accessibles. Al-Qaida semble avoir expérimenté des armes chimiques et biologiques en Afghanistan, et Saddam

1. Dans le cadre de l'enquête sur le suicide de David Kelly, expert britannique de l'armement un responsable du ministère de la Défense dit : « Je pense que l'expression "armes de destruction massive" est devenue un fourre-tout bien commode qui risque par moments d'embrouiller la discussion du sujet. » Cette remarque de Brian Jones est citée par Warren Hoge dans « Arms Dossier Troubled British Experts, Panel Is Told », *New York Times,* 4 septembre 2003.

Hussein a utilisé des gaz toxiques contre sa propre population kurde dès 1983.

Quoi qu'il en soit, les groupes terroristes ne peuvent mobiliser les mêmes ressources que le programme d'armement d'un État, et il n'existe aucune preuve quant aux liens entre Al-Qaida et Saddam Hussein. Il est fort peu probable que l'Irak aurait osé fournir des armes de destruction massive à des terroristes, compte tenu des représailles qu'il aurait eu à subir, mais pour les Etats-Unis, il était plus facile de désigner l'Irak que de repérer un groupe de combattants anonymes et disséminés. La propagation délibérée de la maladie du charbon juste après les événements du 11 septembre, à l'aide de spores de toute première qualité que seul le programme d'armement américain est capable de produire, fut un incident bizarre qui demeure inexpliqué mais qui a incontestablement alimenté le fantasme du lien entre terrorisme et armes de destruction massive. Il y a eu peu de victimes ; une bombe nucléaire miniature en aurait fait infiniment plus.

Exagérer la portée de ces menaces n'a d'autre effet que de les aggraver. Pourtant, c'est exactement ce que fait l'administration Bush. En accusant un marginal débraillé nommé José Padillo de participation à un complot visant à lâcher une « bombe sale » radioactive, John Ashcroft, ministre de la Justice, a obtenu le même résultat que celui recherché par un terroriste : semer la panique. La peur peut être un instrument bien utile entre les mains d'un pouvoir désireux de l'exploiter, puisqu'elle cimente le peuple contre un ennemi commun. L'ennemi d'hier était le communisme, celui d'aujourd'hui est le terrorisme. L'invocation du patriotisme permet en outre de réduire les critiques au silence. Manifestement, nous avons bien reculé depuis l'époque où le président Roosevelt déclarait aux Américains : « La seule chose dont il faille avoir peur est la peur elle-même. »

Ce que l'on ne doit jamais perdre de vue en matière de terrorisme, c'est qu'il s'agit d'un phénomène réflexif : son impact et son développement dépendent en grande partie des actions et des réactions de ses victimes. Que celles-ci réagissent en se muant en bourreaux et le terrorisme triomphe en ce sens qu'il a réussi à déclencher un cercle vicieux de violence. C'est certainement ce qu'espéraient les islamistes fanatiques qui perpétrèrent les attentats du 11 septembre.

UNE AUTRE VISION POUR L'AMÉRIQUE

Le pays le plus puissant du monde ne peut se permettre d'être consumé par la peur. Faire de la guerre contre le terrorisme la pièce maîtresse de notre stratégie nationale, c'est abdiquer notre responsabilité de première puissance de la planète. Les États-Unis sont aujourd'hui le seul pays capable de prendre la tête d'actions collectives visant à prendre en charge les grands problèmes du monde, comme la paix, le progrès économique ou l'environnement. La lutte contre le terrorisme et le contrôle des armes de destruction massive sont aussi à ranger dans cette catégorie.

Si les États-Unis ne peuvent agir à leur guise, soulignons néanmoins qu'il ne se fera pas grand-chose en matière de coopération internationale sans leur leadership ou du moins sans leur participation active. Ils disposent d'une marge de manœuvre unique pour peser sur l'évolution du monde. Les autres pays sont condamnés à réagir à la politique américaine, alors que les Américains ont la liberté de choisir cette politique. Cela leur impose donc une responsabilité exceptionnelle : ils doivent se soucier du bien-être du monde entier. Si les Américains le font, ils seront les premiers à en bénéficier.

3

LA POLITIQUE ÉTRANGÈRE DE L'ADMINISTRATION BUSH

NON SEULEMENT l'administration Bush s'est fixé de mauvais objectifs, mais en outre sa politique s'est révélée notoirement incapable de les atteindre. Cet échec est particulièrement frappant dans le domaine des relations extérieures, mais on le constate également sur le plan intérieur.

En 2000, en pleine campagne électorale, George W. Bush se disait partisan d'une politique étrangère « humble » et hostile à toute intervention militaire durable, destinée à la « construction d'une nation ».[1] Ce sont ces mots d'ordre que l'opinion américaine a retenus. Or, derrière cette façade lisse, se cachait une vision plutôt agressive du rôle de l'Amérique dans le monde. Le volet « politique extérieure » du programme du Parti républicain, fondement de la campagne de M. Bush, visait à restaurer l'âge d'or de la guerre froide, quand les États-Unis étaient à la fois superpuissance et pays hégémonique du monde non communiste[2]. Le programme s'appuyait sur l'idée que l'administration Clinton n'avait pas pleinement profité de la position de l'Amérique comme seule super-

1. C'est à dire impliquant un engagement durable des États-Unis, comme celui qui caractérisa le plan Marshall *(NdT)*.
2. Voir Republican National Committee, « Principled American Leadership », disponible sur http://www.rnc.org/GOPInfo/Platform/2000platform8.htm.

puissance et que le meilleur moyen, pour celle-ci, de regagner la maîtrise unilatérale de son destin était de développer et de déployer un système de défense antimissiles. Le programme n'était pas très explicite sur ce point, mais la militarisation de l'espace ainsi projetée devait sceller la domination américaine sur la planète. Les États-Unis pourraient désormais étendre leur pouvoir jusqu'aux contrées les plus reculées, comme le détroit de Taiwan, sans craindre des représailles de la part de l'un quelconque des pays, de plus en plus nombreux, qui possèdent des missiles longue portée. Ils auraient dès lors tout loisir de choisir les pays dignes d'être défendus et le moment de le faire.

À LA RECHERCHE D'UN ENNEMI

Après la disparition de l'Union soviétique, il ne manquait plus qu'un ennemi convenable. La Corée du Nord pouvait apparemment faire l'affaire dans la première phase du programme de défense antimissiles, et c'est pourquoi il fallait à tout prix la maintenir en quarantaine. Kim Dae Jung, président sud-coréen, a été parmi les premiers chefs d'État à rendre visite au nouveau président américain, en mars 2001. La Corée du Sud avait entamé avec son voisin du nord un mouvement de rapprochement et de resserrement des liens diplomatiques (la « politique du rayon de soleil »), et le président Kim avait hâte d'obtenir l'aval de M. Bush. Appuyé dans sa démarche par le département d'État américain, il se heurta néanmoins à une fin de non-recevoir de M. Bush, qui annonça publiquement son intention de suspendre tout effort pour aboutir à un accord sur les missiles et normaliser les relations de l'Amérique avec la Corée du Nord[1]. Ainsi débuta la crise nucléaire actuelle entre les deux pays.

Pendant que le gouvernement américain se servait de la Corée du Nord dans cette première phase, il envisageait la Chine comme successeur. Les faucons du Parti républicain insistaient déjà depuis un certain temps sur les dangers que recelait la montée en puissance économique et militaire de ce pays. Si Bill Clinton et ses conseillers qualifiaient la Chine de « partenaire stratégique », l'administration Bush la considère plutôt comme un rival stratégique. La Russie est un autre adversaire possible que les partisans du bouclier antimissiles gardent en réserve.

Parallèlement, l'administration Bush affichait, on ne peut plus clairement, son aversion pour les traités internationaux, que ce fût en dénonçant le protocole de Kyoto sur le réchauffement de la planète ou en rejetant le protocole de vérification de la Convention d'interdiction des armes biologiques, dans les deux cas sans faire de contre-propositions. De même, non contente de refuser de reconnaître la Cour pénale internationale, elle s'embarqua dans une campagne active pour la saboter. L'administration Bush

1. Le président Bush a justifié ainsi cette rupture avec la politique de Bill Clinton : « Nous ne sommes pas sûrs de vouloir respecter toutes les conditions de tous nos accords. » Cette remarque a suscité un désarroi généralisé. Outre le fait que la Corée du Nord et les États-Unis n'avaient qu'un seul accord — celui de 1994, qui mettait fin au programme nucléaire de ce pays en contrepartie d'une assistance américaine dans la construction de réacteurs légers à usage civil —, de hauts responsables allaient confirmer, peu après la déclaration du président, que la Corée du Nord semblait honorer ses engagements. Voir David E. Sanger, « Bush Tells Seoul Talks with North Korea Won't Resume Now », *New York Times,* 8 mars 2001. La Corée du Nord annonça par la suite qu'elle avait un programme secret d'enrichissement de l'uranium. Complexité supplémentaire, ce programme ne violait pas véritablement la lettre de l'accord de 1994, qui ne portait que sur le plutonium.

exerça des pressions considérables pour contraindre ses alliés à signer un à un des accords bilatéraux soustrayant les ressortissants américains à la juridiction de la Cour. Des pays comme l'Albanie ou la Roumanie cédèrent, en dépit des efforts de l'Union européenne pour les en dissuader[1]. Dans l'ensemble, la première année de la présidence de George W. Bush fut marquée par la tentative délibérée de rompre avec les orientations de l'ère Clinton partout où c'était possible. La nouvelle administration menaçait de se retirer des Balkans et adopta une politique d'inaction à l'égard du processus de paix au Moyen-Orient.

Dès que les événements du 11 septembre eurent fourni au président Bush l'ennemi tant attendu, il se présenta comme un homme investi d'une mission. Ce rôle correspondait assez à sa personnalité : en tant que toxicomane repenti et chrétien évangéliste, il s'était déjà frotté au diable. Celui-ci réapparaissait soudain sous la forme de kamikazes cherchant à détruire la Maison-Blanche ; George W. Bush en tira un intense sentiment d'engagement personnel. Cessant de lire ses discours de manière hésitante et de trébucher sur les mots, il prit une assurance que le public se mit à estimer. Avant le 11 septembre, M. Bush donnait l'impression de régner sans gouverner, alors que quelques jours après, il s'affirmait comme le véritable dirigeant du pays, investi d'une tâche historique. L'ennui, c'est que ce dirigeant entraîne l'Amérique — et le monde entier — sur une mauvaise pente.

1. Selon les estimations d'Aryeh Neier, président de l'Open Society Institut, l'aide militaire liée à ces accords bilatéraux pourrait s'élever au total à 100 millions de dollars.

Mr LEMAIRE PATRICK

aura le plaisir de vous recevoir avec vos amis
et de vous remettre en personne votre cadeau

Le Banyuls Rouge

Art Collection

pour

les 100 ans de la Foire de Paris

du 29 Avril au 9 Mai 2004

Porte de Versailles

Hall 3 Allée P Stand 27

MR HACCARD DANIEL
39 RUE DE LA REPUBLIQUE
78180 MONTIGNY LE BRETONNEUX

1085351 9909 7570

* Offre strictement réservée aux clients du Cellier des Templiers se présentant à notre stand avec leur invitation (1 bouteille de 75 cl par foyer).

LE DÉTOURNEMENT DES ATTENTATS DU 11 SEPTEMBRE

Les événements du 11 septembre auraient pu constituer une occasion en or de mobiliser la population américaine autour d'un projet d'amélioration de l'ordre mondial ; ils pouvaient lui permettre de comprendre que tout ne va pas pour le mieux au-delà des frontières des Etats-Unis. Ces derniers ont déjà englouti 160 milliards de dollars en Irak : une petite fraction de cette somme aurait eu un impact énorme sur si elle avait été utilisée à des fins constructives dans le monde. Hélas ! l'administration Bush n'y a même pas songé. En darwinistes sociaux convaincus, les adeptes du New American Century ont estimé que l'Amérique, ayant prouvé qu'elle était le pays plus apte dans la lutte pour la survie, avait le droit et le devoir d'imposer sa volonté au reste du monde. Ils ne détestent rien tant que la compassion, la tolérance et la discrimination positive. Comme le laisse deviner le nom même de leur projet, ils plaidaient en faveur d'une politique de suprématie militaire des États-Unis bien avant l'accession de George W. Bush à la présidence. L'attaque contre les tours jumelles leur a simplement fourni l'occasion de mettre en œuvre leurs idées.

Sur le front intérieur, John Ashcroft, ministre de la Justice, a fait avaler le Patriot Act au Congrès en déclarant que ses détracteurs ne faisaient que conforter l'ennemi dans ses desseins. Nancy Chang offre la description suivante de la méthode employée :

> « Dans une démonstration *in extremis* de force brute, les chefs de file du groupe républicain à la Chambre des représentants ont jeté par-dessus bord un projet

de loi antiterroriste qui posait infiniment moins de problèmes sur le plan des libertés démocratiques et qui avait été unanimement approuvé par la commission judiciaire de la Chambre, pour le remplacer par un texte de 342 pages, le USA Patriot Act[1]. Les élus ont voté cette loi à une vitesse vertigineuse, et cela au moment même où ils se trouvaient exilés de leurs bureaux contaminés par le bacille du charbon et où le pays entier était à cran à la suite des avertissements de John Ashcroft quant aux nouveaux attentats terroristes à prévoir. Le président Bush y a apposé sa signature le 26 octobre 2001, six semaines seulement après les attentats du 11 septembre. Certains membres du Congrès se sont plaints de ne pas avoir eu le temps d'obtenir, et encore moins de lire, un exemplaire du texte avant qu'il fût soumis au vote. Pis encore, ce projet de loi complexe et radical n'a guère fait l'objet d'audiences ou de débats publics, et aucune commission parlementaire ou interparlementaire n'y a consacré un rapport. À la Chambre des représentants, il a été adopté à une majorité écrasante : 356 voix pour et 66 voix contre. Au Sénat, seul Russell Feingold a osé s'y opposer. Ce faisant, il a lancé au pays entier cette mise en garde : "C'est en grande partie pour conserver notre liberté que nous nous sommes engagés dans cette nouvelle guerre contre le terrorisme. Si nous sacrifions les libertés du peuple

1. Les deux premiers mots de cette loi forment en anglais un acronyme signifiant : « Unir et renforcer l'Amérique en fournissant les outils requis pour intercepter et entraver le terrorisme. »

américain, nous la perdrons sans même avoir combattu[1]." »

Le Patriot Act confère des pouvoirs sans précédent à l'exécutif et lève bon nombre des contraintes auparavant imposées par le droit américain. Avec le Homeland Security Act qui lui fait pendant, il limite l'accès public aux informations détenues par l'État en même temps qu'il favorise l'accès de celui-ci aux renseignements personnels sur les citoyens et leur diffusion aux différents échelons des pouvoirs publics. Ces lois, qui portent gravement atteinte aux libertés fondamentales, n'ont guère provoqué de remous au sein de la population : chacun suppose que la plupart de ces dispositions sont dirigées contre « eux », terroristes et étrangers, plutôt que contre « nous », citoyens innocents. La seule atteinte aux libertés qui émeut clairement tout le monde est l'intrusion dans la vie privée : le gouvernement fédéral a dorénavant l'autorisation de pratiquer des écoutes téléphoniques, d'intercepter les courriers électroniques et de contrôler le registre des prêts des bibliothèques à une échelle autrement plus importante que par le passé. Mais beaucoup d'Américains considèrent sans doute que c'est là un prix raisonnable à payer pour vivre en sécurité. Quoi qu'il en soit, le Patriot Act ouvre la voie à de sérieux abus de pouvoir. De nombreuses personnes accusées de terrorisme ont été poussées à plaider coupable sous la menace de se voir entièrement soustraites à la protection de la loi, détenues pour de longues périodes sans procès ou

1. Nancy Chang, « How Democracy Dies : The War on Our Civil Liberties », in Cynthia Brown (sous la direction de), *Lost Liberties : Ashcroft and the Assault on Personal Freedom,* New York et Londres, New Press, 2003, p. 33-51.

jugées par un tribunal militaire secret. Les États-Unis ont interné et expulsé sans recours des immigrés et des touristes étrangers, tandis que des hommes faits prisonniers en Afghanistan sont enfermés dans des cages à Guantanamo et sont privés des garanties fondamentales auxquelles les conventions de Genève leur donnent droit.

La menace s'aggrave d'ailleurs, comme le montre cette citation du *New York Times* :

> « Le gouvernement profite des pouvoirs élargis accordés par cette nouvelle loi drastique pour enquêter sur des personnes soupçonnées de se livrer au trafic de drogue, à des délits financiers, au chantage, à la pornographie pédophile, au blanchiment d'argent, à l'espionnage, voire sur des figures politiques étrangères présumées coupables de corruption, ont déclaré des responsables du gouvernement fédéral. »

Selon les porte-parole du ministère de la Justice, ils ne font que se servir des outils désormais à leur disposition pour traquer les criminels, terroristes ou autres. Mais des critiques de la politique antiterroriste actuelle affirment que cette utilisation de la loi donne à penser que, sous couvert de la lutte contre le terrorisme, l'administration met en œuvre un programme de répression beaucoup plus vaste[1]. »

Tout cela devrait d'autant plus nous inquiéter que John Ashcroft a déjà démontré son intolérance dans d'autres domaines. Il a interdit les négociations entre procureur et avocat de la défense visant à revoir à la baisse les chefs

1. Eric Lichtblau, « U.S. Uses Terror Law to Pursue Crimes from Drugs to Swindling », *New York Times*, 28 septembre 2003.

d'accusation. Il a mis en place un système pour contrôler les magistrats jugés trop laxistes. Il a agressivement entravé le droit des États de l'Union à légiférer et à faire respecter les lois sur des questions comme la réglementation du port d'armes ou l'utilisation de la marijuana à des fins médicales [1].

Parmi les stratagèmes adoptés par l'administration Bush pour saper les libertés démocratiques, l'un des plus insidieux consiste à proposer des zélateurs de droite comme juges fédéraux. Normalement, lorsque le Congrès s'oppose à une candidature en raison des opinions politiques de la personne, le président se rabat sur un candidat plus modéré. Or, sous M. Bush, les candidats sont tous plus extrémistes les uns que les autres. La fraction démocrate au Sénat a certes réussi à faire obstruction à deux candidatures de ce type et menace de poursuivre dans cette voie, mais la plupart des réactionnaires parrainés par le président finissent par obtenir les postes convoités. L'opinion publique ne semble pas s'y intéresser outre mesure, sans doute parce qu'aucun siège à la Cour suprême n'est en jeu.

L'AXE DU MAL

En politique extérieure, la guerre contre le terrorisme a éclipsé toute autre considération, encore que, fait significatif, on ne constate aucun ralentissement du programme national du bouclier antimissiles. Mais la guerre doit se

1. *Ibid,* ainsi que l'article du même auteur, « Justice Department to Monitor Judges for Sentences Shorter Than Guidelines Suggest », *New York Times,* 7 août 2003. Voir également l'American Civil Liberties Union, « Insatiable Appetite : The Government's Demand for New and Unnecessary Powers After September 11th », disponible sur http://www.aclu.org/SafeandFree/Safeand-Free.cfm?ID=10623&c=207.

mener contre un ennemi et, les terroristes étant difficiles à localiser, on se contente, par facilité, d'identifier les pays susceptibles de les accueillir. C'est cette logique qui a conduit à l'invention de l'« axe du mal », évoqué pour la première fois en 2002, dans le discours (annuel) du président sur l'état de l'Union.

Des trois pays cités — Corée du Nord, Irak, Iran — seul ce dernier était clairement connu pour ses liens avec le terrorisme international. Que ces trois pays aient tous quelque chose de nuisible ne fait pas de doute, mais les mettre dans le même sac alors que l'on oublie des spécimens aussi fameux que la Syrie, la Libye, le Zimbabwe, la Birmanie, l'Ouzbékistan ou le Turkménistan, c'est véhiculer une image aussi déformée de la réalité que celle que l'on crée en déclarant la guerre au terrorisme.

La Corée du Nord est la société la plus hermétiquement fermée au monde. Sa population subit une oppression impitoyable et toutes les ressources du pays sont sacrifiées sur l'autel de la puissance militaire. Et si elle n'est pour rien dans les attentats du 11 septembre, elle a une grande capacité de nuisance, y compris nucléaire, ainsi qu'une longue histoire de ventes d'armes à l'étranger [1].

---

1. Le président Bush s'est néanmoins efforcé, dans son discours sur l'état de l'Union, d'associer ce pays aux événements du 11 septembre en pratiquant l'amalgame entre terrorisme et possession d'armes de destruction massive ainsi que d'autres méfaits : « Notre [...] but est d'empêcher les régimes qui cautionnent le terrorisme de menacer avec des armes de destruction massive l'Amérique ou nos amis et alliés. Certains d'entre eux se sont tenus assez tranquilles depuis le 11 septembre, mais leur véritable nature ne nous échappe pas. La Corée du Nord est un régime qui se dote de missiles et d'armes de destruction massive alors que ses citoyens meurent de faim. » George W. Bush, « President's State of the Union Address », U.S. Capitol, Washington, D.C., 29 janvier 2002, disponible sur http://www.whitehouse.gov/news/releases/2002/01/20020129-11.html.

L'Irak était tout aussi répressif à l'époque, mais Saddam Hussein ne représentait pas une menace militaire comparable. Et s'il a indiscutablement utilisé des armes chimiques contre sa propre population, il a par la suite perdu une guerre d'où les armes chimiques et biologiques étaient entièrement absentes. L'Irak ne dispose pas non plus d'une capacité nucléaire. Saddam Hussein a offert des récompenses aux familles de Palestiniens morts dans des attentats-suicidess, mais, contrairement aux allégations de l'administration Bush, il n'a jamais eu de liens avérés avec Al-Qaida.

L'Iran constitue un cas de figure plus compliqué que les deux premiers. Il est dominé par une théocratie chiite foncièrement opposée à l'Amérique et à Israël, mais la population en a assez de l'intégrisme islamique. Elle a élu des réformateurs à la présidence et au parlement, et les partisans iraniens de la société ouverte montrent plus de ferveur et une plus grande volonté de faire des sacrifices que la plupart des Américains pour défendre leurs convictions. Pour autant, les réformateurs n'ont pu tenir leurs engagements, car la justice et les ministères formant le noyau central du pouvoir — armée, police, renseignement — se trouvent entre les mains de la tendance dure. Des publications sont régulièrement suspendues, des opposants au régime incarcérés et, à l'occasion, abattus. La faiblesse du président Khatami face aux conservateurs a commencé à éroder la confiance de la population dans la capacité de celui-ci à réaliser des changements sérieux.

En attendant, l'Iran continue à soutenir le Hezbollah, ce mouvement terroriste basé au Liban, a essayé de fournir des armes à Arafat en Palestine et s'est lancé dans un ambitieux programme nucléaire. Il compte parmi les pays ayant ratifié le Traité de non-prolifération nucléaire (TNP) et prétend qu'il ne développe le nucléaire qu'à des fins civiles, mais les inspections menées dans le cadre du TNP révèlent que le programme iranien est en infraction par rapport aux exigences du traité. Du point de vue des armes nucléaires, l'Iran est bien plus dangereux que l'Irak depuis plus d'une dizaine d'années.

Chacun de ces trois pays pose une série particulière de problèmes. Il est donc trompeur et stérile de les réunir sous la rubrique « axe du mal », car ils peuvent adopter des réponses différenciées à une même stratégie. Dans le cas de l'Iran, le discours sur l'axe du mal n'a fait que conforter les forces hostiles à l'éclosion d'une société ouverte et démocratique.

L'AFGHANISTAN

L'invasion de l'Afghanistan se justifiait par le rôle que jouait le pays comme base arrière d'Al-Qaida. Cette opération a eu le soutien de la communauté internationale et s'est déroulée avec l'approbation de l'ONU. Dès avant l'invasion, un travail politique avait été mené en vue d'établir un gouvernement provisoire. Démarré lors d'un congrès tenu près de Bonn, en Allemagne, en novembre 2001, il allait se cristalliser le 11 juin 2002, lors de la constitution de la Loya Jirga. Le gouvernement de Hamid Karzaï jouit aujourd'hui d'une certaine légitimité[1].

1. J'ai fourni une mise de fonds initiale à un groupe de travail qui a participé à la préparation de ce processus politique. À sa tête se trouvaient Barnett Rubin, du Centre de coopération internationale de New York University, et Ashraf Ghani, ancien responsable de la Banque mondiale, devenu par la suite ministre des Finances dans le gouvernement de Karzaï.

L'invasion de l'Afghanistan a été une démonstration éclatante des nouvelles performances militaires des États-Unis. Les bombes « intelligentes » étaient devenues plus intelligentes que lors de la guerre du Golfe de 1991, et l'intervention des forces spéciales a marqué une avancée tactique notable. L'Amérique a ainsi montré que ses capacités militaires n'avaient jamais été aussi fortes. Néanmoins, l'opération n'a pas donné tous les résultats positifs qui auraient pu être obtenus.

Pour commencer, les forces spéciales n'ont pas retrouvé Ben Laden. Cela met en lumière l'une des limites dont souffre l'Amérique dans le contexte d'une guerre. Le pays a beau posséder les moyens militaires les plus formidables de la planète, il rechigne à subir des pertes. Du coup, la traque du chef des terroristes a été largement sous-traitée aux différents chefs de guerre afghans, qui se sont révélés peu fiables[1]. L'assaut de Tora Bora, vaste ensemble de grottes à la frontière afghano-pakistanaise, considéré alors comme le refuge de Ben Laden, a été confié au départ aux seules forces afghanes, avec un soutien aérien américain. Les forces terrestres américaines ne sont arrivées dans la région que trois jours après le début de la bataille. Mais il est apparu à ce stade que de nombreux talibans et combattants d'Al-Qaida avaient déjà pris discrètement la fuite ou réussi, à coups de pots-de-vin, à franchir le cordon de soldats afghans les encerclant. Les troupes américaines ont joué un rôle plus important par la suite, lors de l'« opération Anaconda », qui a permis de retrouver des talibans et des

1. Autre explication possible : les États-Unis réservaient leurs troupes pour l'invasion de l'Irak.

combattants d'Al-Qaida dans la vallée de Shat-i-Kot. Mais même ainsi, la plupart des terroristes se sont échappés.

Ensuite, l'administration Bush n'a pas su gagner la bataille de la paix. Elle aurait pu tirer les leçons de son expérience dans les Balkans et faire mieux qu'en Bosnie ou au Kosovo, mais elle a été handicapée par son aversion viscérale pour la collaboration internationale et par le refus de s'investir dans des efforts pour « bâtir une nation ».

Et pourtant, ce ne sont pas les occasions qui ont manqué. Le peuple afghan avait désespérément besoin d'assistance, et les différentes agences des Nations unies bénéficiaient d'une solide présence sur le terrain, comme en témoigne le nombre important de leurs collaborateurs locaux. À l'occasion d'une réunion de donateurs, la communauté internationale s'était montrée prête à apporter des sommes d'argent considérables. La tâche de contrôle et de gestion de ces fonds aurait pu et dû être confiée à l'ONU. Les agents de l'Organisation se seraient disséminés dans les villages, accompagnés par des troupes de maintien de la paix qui auraient veillé sur les fonds apportés. La population les aurait accueillis à bras ouverts. Ils auraient mis sur pied des administrations locales au nom du gouvernement de M. Karzaï. Quant aux chefs de guerre, incapables d'assurer des services comparables, ils auraient perdu leur influence[1].

L'administration Bush ne l'entendait manifestement pas de cette oreille. Le ministère de la Défense ne s'intéressait pas à la reconstruction d'un pays ; il tenait tout simple-

1. C'est en faveur de cette orientation que j'ai plaidé dans mon article « Assembling Afghanistan », *Washington Post*, 3 décembre 2001.

ment à retrouver Ben Laden et avait besoin des seigneurs de guerre afghans pour y parvenir. Pas question de laisser les « casques bleus » traîner autour de Kaboul, où ils pourraient gêner les forces américaines et leurs alliés locaux ! J'interpellai Donald Rumsfeld sur ce sujet au cours d'une réunion publique tenue en avril 2002. Il se défendit, dans un premier temps, d'être hostile à l'envoi sur place de troupes onusiennes, mais il finit par avouer que l'idée d'y conserver pendant plusieurs années une force multinationale de maintien de la paix, comme au Kosovo, ne lui plaisait pas. Il préconisait à la place la mise sur pied d'une armée et d'une police nationales.

Aujourd'hui, le résultat est là. Plutôt qu'à une démonstration éclatante des effets bénéfiques de l'aide internationale sur un pays musulman, on assiste à une situation où peu de progrès ont été faits et où l'enthousiasme qui avait accueilli le renversement du régime des talibans s'est dissipé. Les États-Unis ont tardivement décidé d'affecter un milliard de dollars à la reconstruction de l'Afghanistan, mais la plupart des engagements pris à la réunion des donateurs n'ont toujours pas été honorés. L'insécurité du pays rend l'acheminement de l'aide hasardeux, et le pouvoir reste en grande partie entre les mains des chefs de guerre locaux. Deux ans après l'invasion américaine, l'Afghanistan se caractérise par son instabilité, et les talibans réaffirment leur présence dans les zones pachtounes du Sud. Certains observateurs soulignent, avec raison, que l'invasion de l'Irak a détourné l'attention de l'Afghanistan, mais la reconstruction de ce pays aurait de toute façon été un énorme échec à cause du refus de M. Rumsfeld d'autoriser le déploiement des « casques bleus » autour de Kaboul.

À présent que l'OTAN a pris la situation en main, rien ne l'empêche d'y envoyer des troupes, mais le moment historique où un autre Afghanistan aurait pu voir le jour est passé. L'année 2002 a été placée sous le signe d'une récolte exceptionnelle d'opium, de l'ordre de 3 400 tonnes[1]. Le secteur de la drogue représente au bas mot la moitié de l'économie afghane. Il génère un chiffre d'affaires estimé à 2,5 milliards de dollars par an, alors que l'aide internationale se situe autour de 2 milliards de dollars[2]. On voit mal comment le gouvernement central pourra dompter les chefs de guerre engagés dans le trafic de drogue. Les déprédations de ces derniers ainsi que le soutien apporté en sous-main par les zones tribales du Pakistan ont pour effet de faciliter le retour en force des talibans.

FAVORISER LA DÉMOCRATIE

L'invasion de l'Afghanistan s'est nécessairement accompagnée de la mise en place de bases militaires US dans les pays voisins, fait qui a eu des répercussions ambiguës sur la situation politique des pays concernés[3]. Chaque pays est un cas particulier, la présence ou l'absence de pétrole ou d'autres matières premières a une influence décisive sur les conditions locales. Mais tous ont en commun une tendance à l'érosion des libertés qu'ils avaient obtenues à la

1. Ahmed Rashid, *Far Eastern Economic Review*, 16 octobre 2003.
2. Estimations communiquées oralement par l'International Crisis Group (www.crisisweb.org).
3. Mes fondations sont très présentes en Asie centrale et dans le Caucase, et je m'y suis rendu en mai-juin 2003 pour observer directement la situation dans la région.

suite de l'effondrement de l'Union soviétique. Des présidences à vie et des successions quasi dynastiques caractérisent la région. Si le renforcement de la présence militaire américaine a entraîné dans son sillage une augmentation très appréciée de l'assistance financière et technique, le fait est que ces ressources sont destinées à la coopération militaire plutôt qu'aux réformes politiques.

Le gouvernement américain a acquis, il est vrai, une certaine sensibilité au risque de se voir assimiler aux régimes répressifs de la région et il a exercé une influence modératrice dans plusieurs cas. En Géorgie notamment, il a fait pression pour assurer le déroulement libre et équitable des prochaines élections[1]. Toutefois, force est de reconnaître que la présence américaine dans la région a avant tout permis aux régimes répressifs de se renforcer, fût-ce modérément : un gouvernement ami qui dépasserait les bornes de façon trop flagrante pourrait mettre les États-Unis dans l'embarras.

La situation en Ouzbékistan est particulièrement préoccupante. M. Islam Karimov, président de la république, a réprimé sans pitié toute expression d'islamisme politique. Un grand nombre d'Ouzbeks ont été jetés en prison pour à peine plus que le fait de porter la barbe. Le Mouvement islamique d'Ouzbékistan, groupe terroriste étroitement lié à Al-Qaida et aux talibans, luttait activement contre le régime vers la fin des années 1990, mais la plupart de ses

1. Chose qu'il ne fit pas dans le cas d'Azerbaïdjan. Richard Armitage, secrétaire d'État adjoint, téléphona à Ilham Aliyev pour le féliciter de sa victoire aux présidentielles avant que des observateurs américains indépendants ne signalent les fraudes et les intimidations à grande échelle ayant marqué les élections. Voir Guy Dinmore, « U.S. calls for inquiry into Azerbaijan election », *Financial Times* (éd. américaine), 22 octobre 2003.

militants ont péri en Afghanistan. Cela aurait dû ouvrir la voie à une certaine décrispation et notamment à la légalisation du Parti de la libération (Hizb-ut-Tahrir), mouvement islamique non violent. Mais le président Karimov n'a pas saisi cette occasion et a continué à persécuter les groupes religieux. Ce comportement n'a pas empêché les États-Unis de renforcer son alliance militaire avec le régime.

Pervez Moucharraf, président du Pakistan, est devenu un allié proche des Etats-Unis ; pourtant, ses déclarations quant à sa volonté d'organiser des élections démocratiques sonnent faux et son aptitude à contribuer réellement à la lutte antiterroriste paraît douteuse. L'administration Bush, flouée par son allié saoudien, s'apprête à courir le même risque avec le Pakistan : en effet, le président Moucharraf doit prudemment louvoyer entre les exigences américaines et la pression des islamistes radicaux chez lui.

La guerre contre le terrorisme a aussi eu quelques retombées positives, quoique fortuites. Les relations entre l'Amérique et la Chine connaissent actuellement un dégel qui renforce la main des réformateurs chinois vis-à-vis des conservateurs. On constate une amélioration similaire dans les rapports avec la Russie : le président Bush a scruté l'âme du président Poutine et a aimé ce qu'il y a vu. Mais il n'est pas évident que cela représente un vrai progrès, l'âme en question étant moins démocratique que celle de Boris Eltsine. En effet, le traitement que M. Poutine réserve aux médias, sa politique en Tchétchénie et sa réaffirmation du pouvoir de l'État sur les oligarques et les autorités régionales font sérieusement douter de son attachement à la liberté et à la démocratie, sans même parler des principes de la société ouverte.

En résumé, la guerre contre le terrorisme a pris le pas sur l'encouragement des réformes politiques et n'a pas fait grand-chose pour promouvoir la démocratisation. C'est d'autant plus répréhensible que l'instauration de la démocratie apparaît comme la principale justification de l'invasion de l'Irak.

La deuxième guerre d'Irak a eu un effet particulièrement négatif sur la démocratie naissante en Turquie. Le gouvernement est entre les mains des islamistes modérés du Parti de la justice et du développement (AKP). Celui-ci a réellement à cœur de transformer le pays en société ouverte pouvant prétendre à l'adhésion à l'Union européenne, volonté rare qui mérite tout notre soutien. Cependant, la puissante armée turque se méfie de l'AKP. Les États-Unis, qui tenaient à obtenir le concours de la Turquie dans l'invasion de l'Irak, ont proposé un accord auquel le gouvernement a souscrit mais qu'il n'a pas réussi à faire entériner par la majorité parlementaire. Ce rejet démocratique de la solution proposée a été un revers important pour les planificateurs militaires américains. Par la suite, Paul Wolfowitz, numéro deux du Pentagone, s'est rendu en Turquie où il a publiquement reproché aux généraux de ne pas avoir exercé davantage d'influence. Geste peu propice à la consolidation de la démocratie dans un pays connu pour sa longue histoire de coups d'État militaires[1].

Il faut aussi reconnaître que, s'il s'agissait de développer la coopération internationale, la guerre contre le terrorisme a été contre-productive. Elle a peut-être contribué à

1. Paul Wolfowitz, « Deputy Secretary of Defense Wolfowitz interview with CNN Turk », 6 mai 2003, transcription disponible sur http://www.dod.mil/transcripts/2003/tr20030506-depsecdef0156.html.

améliorer les relations avec la Chine et la Russie, pays qui semblent aimer l'idée d'une lutte impitoyable contre le terrorisme, mais elle a ouvert une brèche sans précédent entre les États-Unis et leurs alliés traditionnels. L'opinion publique du reste du monde a fini par ruer dans les brancards face à l'unilatéralisme de l'administration Bush. Comme nous l'avons vu, entre le lendemain du 11 septembre et l'invasion de l'Irak, l'attitude envers l'Amérique a opéré un virage à 180 degrés.

4

LE BOURBIER IRAKIEN

POURQUOI L'INVASION ?

Les véritables raisons de la détermination américaine à renverser Saddam Hussein demeurent mystérieuses. On peut certes spéculer, mais il est impossible de les identifier avec certitude, puisqu'elles n'ont jamais fait l'objet de discussions publiques. Cela dit, il n'est pas inutile de reposer cette question, ne serait-ce que pour comprendre les origines du bourbier irakien dans lequel les Etats-Unis se trouvent actuellement enfoncés.

Une des raisons pourrait être l'affirmation de la suprématie américaine, la démonstration que ce sont les États-Unis qui mènent la danse. Sur cette base, Washington a pu choisir l'Irak comme cible tout simplement parce que l'invasion paraissait réalisable. Bob Woodward résume ainsi les propos tenus par Paul Wolfowitz, vice-ministre de la Défense, à une réunion stratégique clé du 15 septembre 2001 :

> « Une attaque contre l'Afghanistan lui semblait problématique. Il s'inquiétait devant la perspective de voir 100 000 soldats américains toujours enlisés dans des combats de montagne six mois plus tard. En revanche, l'Irak avait un régime autoritaire et fragile qui serait facile à briser. Il y avait, estimait Paul

> Wolfowitz, de 10 à 50 % de chances pour que Saddam Hussein ait joué un rôle dans les attentats du 11 septembre. Tôt au tard, donc, les États-Unis devraient s'attaquer à lui s'ils voulaient que la guerre contre le terrorisme soit prise au sérieux [1]. »

Dans une interview réalisée en mai 2003, M. Wolfowitz affirmait que, si plusieurs facteurs expliquaient la politique de l'administration en la matière, « nous avons fixé notre choix sur un dossier — les armes de destruction massive — car c'était le seul à faire l'unanimité entre nous [2] ».

Mais il existe des considérations géopolitiques plus réalistes pour justifier le renversement de Saddam Hussein. Ce qui empêche peut-être le plus sérieusement l'Amérique de maîtriser son destin est sa dépendance envers le pétrole importé. Or l'Arabie Saoudite s'est révélée un allié perfide qui maintient la stabilité politique à l'intérieur tout en soutenant l'extrémisme islamiste à l'extérieur. Après les événements du 11 septembre, qui ont surexposé cet équilibrisme, le régime saoudien court le risque de devenir aussi instable que l'Iran sous le Chah. L'Irak, quant à lui, dispose de réserves pétrolières qui ne sont inférieures qu'à celles de l'Arabie Saoudite. Si les États-Unis pouvaient l'occuper et transférer leurs bases militaires de l'Arabie Saoudite à l'Irak, ils se doteraient d'une nouvelle source d'approvisionnement en pétrole offrant de meilleures garanties de sécurité. Autre facteur à prendre en compte : le marché mondial du pétrole étant devenu de plus en plus étroit, il faudra rouvrir

1. Bob Woodward, *Bush at War, op.cit.*, p. 83.
2. Cette remarque de Paul Wolfowitz a été citée dans Sam Tanenhaus, « Bush's Brain Trust », *Vanity Fair,* juillet 2003, p. 169.

un jour ou l'autre le robinet irakien. Mais lever l'embargo sans changement de régime en Irak, c'est risquer de doter Saddam d'un pouvoir exhorbitant. D'où la nécessité de le chasser du pouvoir.

L'autre considération importante est Israël. Il existe actuellement aux États-Unis de nombreux fanatiques qui interprètent la renaissance d'Israël comme le signe avant-coureur de l'Apocalypse et du second avènement du Messie. Ainsi, outre le lobby traditionnel pro-israélien, l'État juif peut compter sur le soutien de la droite évangéliste… qui forme le noyau dur de l'électorat du président Bush. Comme l'Apocalypse doit entraîner la destruction d'Israël, ce pays ferait sans doute mieux de se passer d'amis de ce genre. Mais M. Bush s'est senti obligé de donner satisfaction à sa base électorale. L'instauration d'une forte présence militaire en Irak contribuerait, pense-t-il, à transformer toute la configuration politique du Moyen-Orient. Cette transformation rassurerait Israël et affaiblirait suffisamment les courants extrémistes parmi les Palestiniens pour ouvrir la voie à un règlement acceptable pour Israël et ses partisans américains. Toute l'Europe, y compris l'Angleterre de Tony Blair, considérait comme prioritaire la question israélo-palestinenne, mais le président Bush a tenu à s'occuper d'abord de l'Irak. Cette sérieuse pomme de discorde entre l'Europe et les États-Unis a conduit ces derniers à prendre l'engagement — qu'ils n'ont pas tenu — de traiter en priorité ce conflit après la guerre en Irak[1].

1. Le désaccord entre l'Europe et les États-Unis s'est accentué du fait que l'extrême-droite européenne est hostile à Israël alors que l'extrême-droite américaine — qui se trouve aujourd'hui au pouvoir — est pro-israélienne.

Il y a donc gros à parier que le pétrole et Israël ont pesé sur la réflexion stratégique du gouvernement américain. Et pourtant, ce ne sont pas là les raisons avancées publiquement par George W. Bush et ses conseillers pour envahir l'Irak. On n'osait même pas soulever ces questions en Amérique, sous peine d'être taxé d'ennemi de la patrie. Le président Bush a obtenu un mandat pour mener la guerre contre le terrorisme. Ce n'est qu'en entrelaçant habilement ce thème et celui des armes de destruction massive et en agitant le spectre de l'accès des terroristes à ces armes qu'il a pu justifier la guerre. Ainsi, quels que soient les arguments qui peuvent exister par ailleurs en faveur de l'invasion de l'Irak, la population américaine a largement de quoi se sentir bernée.

LES PRÉPARATIFS

Dès le départ, l'administration Bush était divisée au sujet de l'invasion de l'Irak. Les faucons, concentrés au ministère de la Défense, étaient des inconditionnels de cette politique. Ils avaient déjà mis au point leur propre calendrier et n'entendaient pas le voir perturbé par une quelconque initiative de l'ONU. De toute façon, en bons partisans de la suprématie américaine, ils étaient idéologiquement hostiles à l'idée de dépendre de cette structure supranationale. Le département d'État (c'est-à-dire le ministère des Affaires étrangères) tenait en revanche à asseoir la légitimité d'une intervention militaire. Mais les faucons ont vite pris le dessus : ils bénéficiaient de l'allégeance du vice-président et avaient l'oreille du président. Le Congrès a approuvé à la hussarde une résolution autorisant celui-ci à prendre toutes les mesures qu'il jugeait opportunes, et ce avec la complicité de certains Démocrates, notamment le représentant Richard Gephardt et le sénateur Joseph Lieberman. Une résolution plus mesurée et de portée plus restreinte que les chefs de la Commission des affaires étrangères du Sénat, Joseph Biden et Richard Lugar, étaient en train de préparer fut ainsi devancée.

Aux Nations unies, les autres membres permanents du Conseil de sécurité, surtout la France, avaient pour souci de donner un rôle actif à celui-ci. Pendant que le roulement des tambours de guerre allait crescendo, le Conseil de sécurité a réussi en novembre 2002 à se mettre d'accord sur la Résolution 1 441. Celle-ci avait été soigneusement formulée de manière à laisser ouverte la question de savoir si les États-Unis devaient revenir vers l'ONU pour obtenir l'autorisation d'une intervention militaire. Les Français avaient su convaincre les Américains qu'ils auraient tout à gagner, et rien à perdre, s'ils donnaient leur assentiment à cette formulation. Si Saddam Hussein violait la résolution, il n'y aurait pas de problème pour obtenir une seconde résolution. Dans ce cas d'ailleurs, la France se joindrait aux États-Unis dans l'action militaire. Si, en revanche, le dictateur irakien s'y pliait mais les Américains restaient décidés à partir en guerre, ils pourraient toujours le faire : le moment où ils contourneraient l'ONU aurait tout simplement été reporté.

La résolution elle-même imposait un régime draconien d'inspections et faisait obligation à l'Irak d'apporter la preuve qu'il ne détenait plus d'armes de destruction massive. Le jeu du flic méchant/flic gentil au sein de l'administration Bush avait clairement porté ses fruits : il avait montré à quel point le Conseil de sécurité pouvait être efficace dès lors que les États-Unis en assumaient pleinement le leadership. Si le principal objectif de la politique américaine avait été de contrôler les armes de destruction massive existant en Irak, des inspections constantes auraient suffi à la tâche. Mais l'administration Bush avait un autre programme : le renversement de Saddam Hussein.

Les inspecteurs de l'ONU n'ont pas trouvé traces des armes recherchées et, comme l'a exprimé Hans Blix (chef de la Commission de contrôle, de vérification et d'inspection), Saddam Hussein s'est montré obligeant sur la forme plus que sur le fond. En particulier, il n'a pas fourni de renseignements détaillés sur la destruction des armes que l'on savait auparavant en sa possession. Mais en dépit de ce point négatif, dès que Hans Blix a annoncé que certains des missiles inspectés dépassaient les limites de portée imposées, les Irakiens ont commencé à se conformer à l'ordre de les détruire. Malheureusement, les États-Unis n'en avaient cure : ils comptaient mettre en œuvre leur plan d'invasion. Dès qu'il a été informé de cette intention, Jacques Chirac en a, semble-t-il, pris ombrage. Il a expédié Dominique de Villepin, son ministre des Affaires étrangères, au Conseil de sécurité et menacé d'opposer un veto français à la nouvelle résolution prévue. Colin Powell, l'homologue américain de Dominique de Villepin, a pris cette menace comme une trahison et a rallié le camp des faucons au sein du gouvernement. Invoquant des preuves pour le moins douteuses, il a accusé l'Irak de violer la Résolution 1 441 de l'ONU. La France a déployé, à partir de là, un effort diplomatique intense en vue de faire rejeter une nouvelle résolution et les États-Unis ont dû préparer l'invasion sans l'aval de l'ONU.

L'INVASION

L'invasion a été en elle-même une réussite spectaculaire. Elle a dépassé les attentes des stratèges de Washington, tant par la rapidité de son exécution que par le faible nombre des victimes, et cela malgré le refus de la Turquie d'y participer. Par ailleurs, à la suite de la victoire militaire américaine, le Conseil de sécurité a voté une deuxième résolution (1 483) dans laquelle il reconnaissait l'occupation de l'Irak, lui donnant de ce fait une base en droit. Ni la France, dont le président essuyait de vives critiques pour nuir aux intérêts commerciaux du pays, ni l'Allemagne, très soucieuse de réconciliation, n'ont osé soulever d'objections. La Résolution 1 483 va même plus loin que les résolutions précédentes de l'ONU dans la mesure où elle légalise une action militaire non autorisée. En substance, elle confère aux puissances d'occupation la plupart des attributs de la souveraineté irakienne pour une durée indéterminée. On pourrait certes soutenir qu'elle outrepasse en cela les limites du droit international existant, mais on ne saurait la juger illégale, puisque le Conseil de sécurité de l'ONU est doté de pouvoirs législatifs. Les idéologues de la suprématie américaine affirment depuis un moment que les relations entre pays se résument à des rapports de force que le droit international ne sert qu'à légitimer après coup : en ce qui concerne l'Irak, il faut constater qu'ils ont eu raison.

Mais à d'autres égards, ils ont eu tort. Les arguments avancés pour justifier l'invasion — présence d'armes de destruction massive, liens avec Al-Qaida — se sont révélés peu fondés ou même ouvertement mensongers. Face à l'impossibilité de trouver les armes recherchées, le président Bush s'est rabattu sur la nécessité de libérer l'Irak d'un odieux dictateur et d'y introduire la démocratie. C'est certainement là une cause noble qui aurait pu justifier l'invasion si le président l'avait invoquée au départ. Mais il n'a jamais exposé cet argument devant le Congrès, et gageons que, s'il l'avait fait, les élus ne l'auraient pas admis.

Il est très difficile d'instaurer la démocratie et une société ouverte, quelles que soient les bonnes intentions des acteurs. Sur la base de toute l'expérience que j'ai pu engranger de par le monde, j'aurais mis l'Irak tout en bas de la liste des endroits où il était envisageable de lancer un projet pilote de ce type. Non seulement ce pays n'a aucun passé démocratique, mais des conflits interethniques et interconfessionnels y couvent en permanence. À l'instar de tant d'autres États du Moyen-Orient, l'Irak a été artificiellement créé par les puissances occidentales à partir des ruines de l'empire ottoman afin de laisser le champ libre à leur propre influence. Trois provinces, ou *vilayets,* de l'ancien empire ont été réunies pour former l'Irak. Les Kurdes, majoritaires dans le Nord, ont été répartis entre la Turquie, l'Irak et l'Iran. Les Sunnites, qui constituaient la majorité dans la région de Bagdad, ont été associés aux Chiites, confession dominante autour de Bassora et dans les zones marécageuses du Sud. S'y ajoutaient plusieurs autres petits groupes ethniques ou religieux vivant dispersés sur le territoire. Enfin, pour couronner ce *patchwork* incohérent, un roi hachémite de confession sunnite et frère du roi de Transjordanie avait été imposé. Les régimes qui se sont succédés après le renversement de la monarchie en 1958 ont tous conservé la domination politique de la minorité sunnite à coup de méthodes de plus en plus répressives.

Compte tenu des divisions ethniques et religieuses, l'introduction de la démocratie pouvait facilement précipiter la désintégration du pays. C'est cette crainte, renforcée par les pressions des dirigeants des pays arabes voisins, qui avait retenu le premier président Bush de chasser Saddam Hussein au cours de la première guerre du Golfe. Voilà donc le guêpier dans lequel son fils a donné un grand coup de pied. De toute évidence, instaurer la démocratie en Irak n'était pas sa préoccupation première. Comme nous l'avons déjà vu, les motifs véritables de cette politique restent mystérieux, mais en tout état de cause, la construction d'institutions nationales stables n'a sûrement pas été jugée prioritaire. Faut-il rappeler que l'administration Bush n'a rien fait de tel en Afghanistan, où les conditions étaient pourtant beaucoup plus propices à une initiative de ce type ? L'une des raisons qui m'ont conduit à m'opposer aussi farouchement à l'invasion de l'Irak était justement qu'elle risquait de discréditer l'idée même qu'on puisse contribuer à la « construction d'une nation ».

LES SÉQUELLES

Comme je l'ai déjà dit, on comprend difficilement comment le président Bush a pu s'embarquer dans cette deuxième guerre du Golfe en consacrant si peu de réflexion et de préparation au lendemain des combats. Les avertissements n'avaient certes pas manqué, venant des alliés européens des États-Unis ainsi que de ceux qui avaient organisé la première guerre du Golfe[1]. Mais la prudence habituelle des réalistes géopolitiques avait cédé devant l'arrogance des suprématistes américains si bien installés au ministère de la Défense. Ourdissant leurs projets en secret, ces derniers se sont bien gardés de les exposer à la lumière du débat public. Autant le volet militaire de l'opération a été brillant, autant les séquelles s'avèrent désastreuses. Les stratèges américains, qui avaient apparemment escompté que l'armée irakienne se tiendrait à l'écart des combats, espéraient pouvoir la préserver pour s'en servir par la suite comme force de sécurité. Ahmad Chalabi, émigré irakien au passé louche, a été préparé au poste de chef d'un gouvernement intérimaire, alors qu'Abdul Majid Al-Khoei, fils émigré d'un religieux chiite très en vue, devait prendre la direction de la communauté chiite du pays.

Les événements allaient démentir ce scénario. Si, pendant l'invasion, une partie des Fedayin de Saddam a exercé une certaine résistance, le reste des forces armées, y compris le corps d'élite qu'était la Garde républicaine, s'est volatilisé devant les terribles assauts des troupes américaines. L'effondrement militaire du régime a été le signal de pillages incontrôlables, et la victoire a fini dans l'anarchie.

---

1. Voir Brent Scrowcroft, « Don't Attack Saddam », *Wall Street Journal,* 15 août 2002 ; Chris Patten, « Jawjaw, Not War-War : Military Success in Afghanistan Has Encouraged the US to Ignore European Doubts About Confronting the « Axis of Evil », *Financial Times,* 15 février 2002 ; et James A. Baker III, « The Right Way to Change a Regime », *New York Times,* 25 août 2002.

Dès son retour en Irak, Abdul Majid Al-Khoei a été assassiné dans la mosquée de Nadjaf. La population irakienne, loin d'accueillir les Américains en libérateurs, n'a pas tardé à leur témoigner une hostilité de plus en plus ouverte.

Saddam Hussein semble avoir tablé sur le déclenchement d'opérations de guérilla. Peut-être y songeait-il déjà en octobre 2002, quand il a entièrement vidé les prisons irakiennes. Quoi qu'il en soit, la tactique de guérilla a obligé les envahisseurs à se comporter en forces d'occupation méfiantes à l'égard de la population civile, promptes à l'injure et à l'agression et donc vite rejetées par celle-ci. L'Irak a par ailleurs fonctionné comme un aimant attirant des terroristes formés par Al-Qaida en Afghanistan. Des cellules dormantes soumises soudain à des mesures énergiques de répression en Arabie Saoudite se sont réveillées et sont parties elles aussi pour l'Irak, où elles contribuent à l'escalade de la violence. Bien sûr, Saddam Hussein n'a rien à voir avec les attentats du 11 septembre, mais George W. Bush n'a désormais pas tout à fait tort de dire que ce pays est devenu le principal front de la guerre antiterroriste, encore que tuer des soldats ennemis soit un acte de guérilla et non de terrorisme.

On imagine mal comment les plans du Pentagone auraient pu plus mal tourner. Je m'étais certes préparé aux conséquences négatives non voulues de cette opération, mais la réalité a dépassé de loin mes pires craintes. L'Amérique se trouve aujourd'hui dans un bourbier qui évoque à bien des égards celui du Vietnam. Ayant envahi l'Irak, elle ne sait plus comment s'en extraire. Les voix réclamant le retrait des troupes vont probablement se faire de plus en plus entendre aux États-Unis, tout comme à l'époque de la guerre du Vietnam, mais le prestige de l'Amérique dans le monde subirait des dégâts irréparables si jamais le gouvernement accédait à cette revendication. En ce sens, l'Irak est pire que le Vietnam, ne serait-ce qu'en raison de la dépendance de l'Amérique envers le pétrole du Moyen-Orient.

Pourtant, tout ce gâchis aurait pu être évité. Personne n'a contraint les États-Unis à se lancer dans cette guerre : au contraire, tout le monde a cherché à les en dissuader. Il n'y avait nul besoin d'envahir l'Irak pour combattre le terrorisme ou pour se protéger des armes de destruction massive. L'Amérique avait réussi à obtenir une résolution ferme du Conseil de sécurité, et Saddam Hussein ne pouvait lui faire aucun mal tant que les inspecteurs étaient sur le terrain. Ce sont les Américains qui ont choisi de le renverser, ce sont eux qui ont dicté le cours des événements.

Incontestablement, Saddam Hussein était un tyran exécrable que l'on a bien fait de chasser. Mais à quel prix ? Les forces d'occupation en Irak constituent désormais le point de convergence des terroristes et justifient la radicalisation de l'islamisme politique. Les soldats américains sont obligés de faire la police — en tenue de combat — alors qu'ils n'y sont pas du tout formés. Ils offrent donc une cible de choix à tous ceux qui rêvent de tirer sur les Américains.

Le coût de l'occupation a de quoi donner le vertige : 160 milliards de dollars pour les exercices fiscaux 2003-2004, 73 milliards pour l'exercice 2003, plus 87 milliards pour l'exercice 2004 à titre de rallonge demandée au dernier moment, en septembre 2003 (mois de clôture de l'exercice budgétaire). Mais même ces chiffres sont en deçà des besoins réels. Sur ces 87 milliards de dollars, seuls 20 milliards sont destinés à la reconstruction de l'Irak, dont la facture devrait néanmoins s'élever au total à 60 milliards de dollars. Notons, à titre de comparaison, qu'en 2002 l'ensemble du budget américain d'aide à l'étranger ne dépassait pas les 10 milliards de dollars. Et s'il est normal que les États-Unis financent à hauteur d'un tiers le projet d'aide internationale à l'Irak, ils pourront s'estimer heureux si le reste du monde s'engage, à une réunion de donateurs, à y apporter quelques milliards. Bref, les Américains risquent de se retrouver avec toute l'affaire sur les bras [1].

Le monde compte bien d'autres tyrans qu'il faudrait chasser du pouvoir : c'est l'un des grands chantiers qui restent à réaliser dans l'ordre international. Pourquoi donc consacrer autant de ressources à l'Irak ? La politique de Washington, loin d'avoir réglé les problèmes de ce pays, ne fait que rendre plus inaccessibles les solutions possibles. La population américaine risque à l'avenir de se dresser contre toute intervention des forces armées à l'étranger, comme le bilan de la mission organisée en Somalie sous la présidence de Bill Clinton l'a largement dégoûtée de l'humanitaire. Les États-Unis ont d'ores et déjà montré leur peu d'enthousiasme à l'idée de s'engager au Liberia, où ils pourraient pourtant limiter les souffrances.

1. À la réunion de donateurs tenue à Madrid en octobre 2003, les engagements des participants non américains ont atteint 13 milliards de dollars au total. C'est grâce à des tours de passe-passe que les organisateurs ont pu annoncer cette somme, qui comprend, par exemple, 550 millions de dollars offerts par l'Iran pour financer des pèlerinages. En outre, plus des deux tiers des engagements ont pris la forme de crédits.

L'Amérique s'enlise donc en Irak. Non seulement la vie de ses soldats est en danger, mais sa puissance militaire s'en trouve compromise. Les forces armées américaines ont été programmées pour faire la démonstration de leur supériorité écrasante, comme l'indique bien le nom de code donné à l'invasion de l'Irak : opération Choc et stupeur. Elles n'ont reçu aucune formation pour des tâches d'occupation [1]. La présence américaine en Irak devait contribuer à pacifier le Moyen-Orient, elle a produit le contraire. Utilisant l'invasion comme exemple terrifiant et le pays conquis comme base militaire, l'administration Bush pensait pouvoir exercer des pressions efficaces sur les pays voisins. Or, à présent que l'occupation grève le budget jusqu'aux limites du supportable, les États-Unis se découvrent moins capables qu'auparavant d'affirmer leur puissance ailleurs.

Il n'existe pas de solution facile. Washington presse les Nations unies de s'investir davantage mais refuse de faire les concessions nécessaires. Le discours du président Bush devant le Conseil de sécurité en septembre 2003, dans lequel il n'a pas manifesté le moindre regret, a été mal accueilli. Kofi Annan, Secrétaire général de l'ONU, a bien fait comprendre qu'il n'entendait pas mettre en péril la vie de son personnel tant que le rôle de l'organisation supranationale n'avait pas été clairement défini. La Résolution 1 511, votée à l'unanimité le 16 octobre, n'était pas non plus de nature à le rasséréner : dans la pratique, la Coalition conserve les responsabilités militaires des forces d'occupation, l'appui d'autres pays ou de l'ONU elle-

1. Voir Wesley Clark, *Winning Modern Wars : Iraq, Terrorism, and the American Empire*, New York, PublicAffairs, 2003.

même devant rester assez limité. Les perspectives sont décidément sombres, mais les États-Unis n'ont pas d'autre choix que de serrer les dents… et de payer le prix de leurs erreurs. Peut-être que l'arrivée au pouvoir d'un nouveau président mieux disposé envers la coopération internationale permettra au pays de sortir du bourbier.

Mon grand souci est que la débâcle irakienne risque d'empêcher des efforts futurs pour aider d'autres pays à se construire. Il est déraisonnable d'évoquer, comme le fait aujourd'hui l'administration Bush, les atrocités de Saddam Hussein pour justifier l'invasion de l'Irak une fois que les arguments avancés au départ se sont révélés infondés. Des années durant, nous avions toléré sans broncher les abus du tyran de Bagdad. Il faut, bien sûr, trouver le moyen de débarrasser le monde des personnages du même acabit, mais le comportement de l'administration Bush en Irak ne fait que rendre la tâche plus ardue.

5

L'ÉTAT DE L'UNION

DES PÉCHÉS PAR OMISSION

Le bourbier irakien révèle de façon saisissante le caractère fallacieux de la notion de suprématie américaine telle que la conçoit l'administration Bush. L'invasion de l'Irak a réduit la capacité des États-Unis à mener la lutte antiterroriste et à maintenir leur place dominante sur l'échiquier international. Cette place, ils risquent désormais de la perdre, et George W. Bush y sera pour beaucoup. Mais la situation en Irak est loin d'être le seul problème au monde : c'est le président Bush qui l'a présentée ainsi. Il porte également la responsabilité de toutes les questions qui ne sont pas abordées actuellement et du manque de progrès sur le plan de la coopération internationale. En effet, la liste des problèmes non résolus a de quoi nous désespérer.

L'Afrique et, dans une moindre mesure, l'Asie centrale et l'Asie du Sud sont des régions où couvent des conflits dangereux que nous ne sommes pas à même d'affronter convenablement. Certes, les États-Unis ont expédié quelques troupes au Liberia, mais plusieurs mois trop tard, après bien des souffrances qui auraient largement pu être évitées. On peut espérer que cette intervention contribuera à apaiser la situation dans les pays voisins, mais il ne faut pas oublier que la guerre entre l'Érythrée et l'Éthiopie reste en suspens, que les problèmes de l'Afrique centrale (république démocratique du Congo, Rwanda, Burundi) sont loin d'être réglés et que Robert Mugabe est toujours au pouvoir au Zimbabwe. De même, si le conflit entre l'Inde et le Pakistan semble se calmer, la situation intérieure dans ce dernier pays demeure précaire. L'Indonésie a pour sa part été ébranlée par des actes terroristes, et la révolte d'Aceh continue de donner du souci. Quant à la Birmanie, un dictateur unique a pris la relève de la junte militaire et fait arrêter de nouveau le dirigeant démocratiquement élu du pays, Aung San Suu Kyi.

En ce qui concerne la Corée du Nord, l'administration Bush se trouve face à un dilemme. Ayant dénoncé la politique de M. Clinton envers ce pays, elle peut difficilement y revenir aujourd'hui. Une action militaire est impensable, puisque le régime de Pyongyang a les moyens de dévaster la Corée du Sud et d'y tuer des millions de personnes avant d'être détruit. Mais l'imposition d'un blocus pose également problème : consciente de sa situation exposée, la Corée du Sud risque de regimber. La seule issue possible est donc que des tiers fournissent l'assistance économique que l'administration Clinton donnait directement. La Chine a clairement envie de jouer un rôle positif dans ce domaine. Mais il y a peu de chances pour que la Corée du Nord accepte de renoncer à sa capacité nucléaire et à ses missiles en l'absence d'accords de sécurité bilatérale que le président Bush refuse d'envisager. En attendant, le programme d'armement nucléaire de Pyongyang va de l'avant à plein régime. La situation est plus grave que lors de l'arrivée de George W. Bush à la Maison-Blanche. Une situation que l'administration Bush a les moyens d'influencer est le conflit israélo-palestinien. Les grandes lignes d'un futur règlement — rétablissement, hormis quelques petites modifications, des frontières de 1967, renoncement par les Palestiniens au droit au retour en Israël — sont déjà connues. Une « feuille de route » précisant les moyens d'y parvenir a été publiée. La majorité des deux populations désire ardemment vivre en paix, mais, en raison de l'histoire longue et tourmentée de ce conflit, aucun progrès ne semble possible en l'absence de pressions extérieures. Agissant de concert avec l'Union européenne, les États-Unis pourraient se porter garants du processus de paix. Jusqu'ici, le président Bush s'est gardé d'emboîter le pas à son prédécesseur, alors que rétrospectivement la politique moyen-orientale de Bill Clinton paraît nettement meilleure. Elle avait réduit l'effusion de sang et mis une solution définitive à portée des négociateurs.

L'Iran poursuit lui aussi son programme nucléaire, prétendument réservé à des fins civiles. Et si le pays compte toujours parmi ceux qui ont ratifié le Traité de non-prolifération nucléaire (TNP), il progresse vers le stade où il sera capable de produire des armes nucléaires. Ce traité, il faut le dire, est aujourd'hui en panne. L'Inde et le Pakistan, qui avaient refusé de le ratifier, ont mis au point chacun leurs armes nucléaires et, après les premières protestations, tous deux ont été admis comme puissances nucléaires. Le Japon envisage également de suivre cette voie. De leur côté, les puissances nucléaires n'ont rien fait pour honorer les obligations que leur impose le

TNP comme prendre des mesures efficaces de désarmement nucléaire[1].

On concentre l'attention de l'opinion publique sur le risque de voir les armes nucléaires tomber entre les mains des terroristes, alors qu'il faudrait s'intéresser beaucoup plus aux Etats qui les détiennent. Le danger de les voir s'en servir est bien plus grand aujourd'hui qu'à l'époque de la Guerre froide, quand il existait une sorte d'équilibre fondé sur la menace de destruction mutuelle. Car la situation actuelle encourage des pays non nucléaires à passer au statut de puissance nucléaire.

Pendant la Guerre froide, on mobilisait les meilleurs cerveaux pour étudier ce problème, qui, à l'évidence, n'est plus prioritaire de nos jours. L'administration Bush montre à cet égard une attitude particulièrement inquiétante : elle envisage d'ajouter des armes nucléaires tactiques à l'arsenal américain, changement qui ne peut que hâter le jour où elles seront utilisées. Hélas ! l'idée de contraintes auxquelles on se soumet volontairement semble totalement étrangère à la pensée de nos idéologues d'une Amérique toute-puissante.

Pourtant, le tableau n'est pas uniformément sombre. L'administration Bush a fait quelques pas encourageants. Elle a établi le Millenium Challenge Account (Fonds du

1. Le Traité de non-prolifération nucléaire se présente par ailleurs comme une étape intermédiaire sur le chemin d'un traité explicitement orienté vers le désarmement nucléaire : « Désireux de promouvoir la détente internationale et le renforcement de la confiance entre États afin de faciliter la cessation de la fabrication d'armes nucléaires, la liquidation de tous les stocks existants des dites armes, et l'élimination des armes nucléaires et leurs vecteurs des arsenaux nationaux en vertu d'un traité sur le désarmement général et complet sous un contrôle international strict et efficace [...]. » Texte disponible sur http://www.institutidrp.org/onu/tnp%201968.pdf.

millénaire, destiné à l'aide au développement) et promis de consacrer 15 milliards de dollars à la lutte contre le Sida. Par ailleurs, les pressions qu'elle a exercées sur le gouvernement égyptien ont abouti à la libération de prison de Said Ibrahim, qui pourrait ouvrir la voie à un renforcement de la société civile en Égypte. De même, James Baker s'est rendu en Géorgie pour s'assurer que les prochaines élections seraient relativement libres et démocratiques. Il y a sans doute beaucoup d'autres exemples d'interventions positives de ce type. Il n'empêche : dans l'ensemble, les États-Unis sont devenus moins capables de favoriser les droits de l'homme et les valeurs de la société ouverte depuis que George W. Bush s'est installé à la Maison-Blanche. Par ailleurs, son administration n'a fait aucun effort pour s'attaquer aux problèmes écologiques ou sociaux. Au contraire, elle a annulé des mesures déjà initiées. Certes, l'étau se resserre peu à peu autour des terroristes. Ils ont de plus en plus de mal à communiquer entre eux, grâce aux méthodes de surveillance électronique mises en place. Dans le climat actuel de vigilance extrême, la probabilité de nouveaux attentats d'envergure sur le sol américain est très réduite. Mais la guerre contre le terrorisme menée par le gouvernement a en réalité augmenté la menace terroriste. L'antiaméricanisme a pris un caractère virulent et, comme le reconnaît George W. Bush lui-même, l'Irak est devenu le front principal de la lutte.

LA POLITIQUE INTÉRIEURE

Je ne saurais prétendre pouvoir évaluer la politique intérieure de l'administration Bush dans les domaines social et écologique et, de toute façon, une analyse de ce type n'a pas vraiment sa place dans un livre consacré au rôle de l'Amérique dans le monde. Cela dit, les perspectives ne sont guère réjouissantes : la pauvreté a augmenté, des emplois ont disparu et la réglementation actuelle sur l'environnement est scandaleusement favorable aux entreprises. Mais je me bornerai ici à un sujet que je connais assez bien : le déficit budgétaire.

George W. Bush est arrivé au pouvoir armé d'un plan de réduction des impôts qui était ambitieux et surtout hardi du fait qu'il favorisait les riches de façon flagrante. Si cette mesure avait été équitablement répartie, des réductions d'impôts ultérieures auraient été inutiles ; en effet, à partir d'un certain seuil, le plus grand nombre bénéficie davantage d'une amélioration des services publics plutôt que d'un nouvel allègement de la charge fiscale. Quoi qu'il en soit, le président est parvenu à introduire de nouvelles baisses d'impôts au nom de la nécessité de stimuler l'économie.

Toutes ces réductions d'impôts se sont conjuguées à une forte hausse des dépenses militaires pour faire basculer le budget fédéral : d'un excédent de 236 milliards de dollars dans l'exercice budgétaire 2000, on est passé à un déficit de 375 milliards en 2003. Le trou projeté pour 2004 s'élève à 565 milliards de dollars, alors que la facture globale pour l'Irak n'a pas encore été présentée. On a là le plus grand revirement budgétaire de l'Histoire hors périodes de guerre, mais en fin de compte, l'Amérique n'est-elle pas en état de guerre à cause des orientations de son gouvernement ? Cette situation arrange en tout cas l'administration Bush, qui cherche à comprimer impitoyablement les budgets sociaux.

Karl Rove, stratège en chef du Parti républicain, veut à tout prix obtenir une relance économique avant les élections de novembre 2004 afin d'éviter une réédition de la défaite de Bush père en 1992, à la suite de la première guerre du Golfe. Alan Greenspan, président de la Réserve fédérale, affiche une détermination non moindre. On lui a reproché cette contre-performance de 1992 et il ne tient pas à se retrouver sur le banc des accusés. En juin 2003, il préconisait une réduction de 50 points du taux interbancaire au jour le jour, mais la Commission du marché monétaire, moins politiquement motivée que lui, n'a autorisé qu'une baisse de 25 points.

L'économie ne peut que réagir, compte tenu de tous les stimulants qui lui sont injectés. Le deuxième semestre de 2003 aura vu une reprise robuste de l'activité et des marges bénéficiaires, mais pas de créations d'emplois. Ainsi, lorsque l'administration Bush prétend que le déficit budgétaire ne porte pas à conséquence, je dois exprimer mon désaccord. Car outre la charge qu'il impose aux générations futures — il y a déjà des doutes quant à la solvabilité du système de sécurité sociale américain —, le déficit aura forcément une influence sur les taux d'intérêt. On ne la sentira qu'après la reprise économique.

Nous entrons dans une phase connue sous le nom de cycle « stop/go » (ou « en coups d'accordéon ») au Royaume-Uni à la fin des années 1950 et au début des années 1960, avant que ce pays n'ait adapté ses dépenses publiques à la disparition de son empire colonial. En effet, chaque fois que l'économie donnait des signes d'accélération, il fallait la ralentir à cause du déficit budgétaire. Or l'envolée récente du déficit budgétaire aux États-Unis produira nécessairement un phénomène identique : dès la première embellie sur le front de l'emploi, une hausse des taux d'intérêt freinera l'activité, enrayant par là les deux grands moteurs de la croissance : l'immobilier et l'automobile.

La montée des taux a d'ailleurs commencé, avant même la décrue du chômage. Cela s'explique par une faiblesse structurelle peu débattue et mal comprise qui s'appelle la *convexité* sur le marché hypothécaire. Les émetteurs de crédits immobiliers ont en substance accordé aux acheteurs une option gratuite sur taux d'intérêt. Lorsque les taux baissent, on renégocie son emprunt ; lorsqu'ils montent, on le conserve jusqu'à son remboursement intégral. Mais les détenteurs de créances immobilières doivent veiller dans ce cas à couvrir leur risque, et c'est là l'origine de la convexité. Pour équilibrer leur portefeuille, ils vendent des obligations à long terme en cas de hausse des taux et font l'inverse en cas de baisse.

Le marché de la titrisation immobilière est énorme, nettement plus important que celui des bons du Trésor, et la convexité provoque une volatilité anormalement forte des taux d'intérêt. Il s'agit d'un réel défaut du système qui risque de plonger le marché obligataire dans une désorganisation semblable à celle qu'a subie le marché des actions en 1987, sous l'effet de l'assurance dite de portefeuille. Amplifiant l'impact des déficits budgétaires, la convexité rend pratiquement inéluctable une forte hausse des taux d'intérêt en période de redémarrage économique. Le niveau élevé des taux fonctionnera comme un frein et créera un cycle en coups d'accordéon.

Karl Rove, lui, espère que l'accordéon s'ouvrira et qu'il ne se refermera pas avant les élections de 2004. Or il y a peu de chances pour que ce scénario se réalise. Et que M. Rove réussisse ou non à donner une impression de croissance économique au moment des élections, l'irresponsabilité budgétaire de l'administration Bush finira par nous coûter très cher.

Disons-le sans ambages : dans aucune autre période, la position de l'Amérique n'a connu un déclin aussi spectaculaire que sous la présidence de George W. Bush. Le basculement du pays sur le plan du prestige international fait pendant à celui de son budget fédéral. Même si l'on laisse de côté les faiblesses de l'idéologie ayant guidé l'administration actuelle, il faut reconnaître que ses conséquences pratiques sont carrément catastrophiques.

C'est un lieu commun d'affirmer que la réélection du président Bush dépendra de l'état de l'économie. Pour ma part, j'espère que l'électorat le rejettera pour une meilleure raison. La quête d'hégémonie américaine à tout prix a mis en danger l'Amérique et le monde entier, et le seul moyen de commencer à sortir de cette impasse est de refuser de donner un second mandat à George W. Bush.

Les prochaines élections offrent une excellente occasion de dégonfler la bulle de la suprématie américaine. Mais il ne suffit pas de battre le président sortant aux urnes. Les États-Unis doivent aussi se doter d'une nouvelle vision de leur place dans le monde qui suppose à son tour une révision en profondeur des idées reçues. Ce n'est pas seulement l'idéologie du New American Century qu'il faut rejeter. La politique américaine d'avant le 11 septembre avait de sérieux défauts : sinon, sa radicalisation sous l'administration Bush n'aurait jamais été possible. Nous verrons dans la deuxième partie de ce livre ce que signifierait en pratique la vision plus constructive dont l'Amérique a aujourd'hui besoin.

PARTIE 2

UNE VISION CONSTRUCTIVE

6

DE L'AMÉLIORATION DE L'ORDRE MONDIAL

UNE POSITION DOMINANTE

L'Amérique n'est pas le seul pays au centre du système capitaliste planétaire, mais c'est bien le plus puissant et la principale force motrice de la mondialisation. L'Union européenne l'égale peut-être en nombre d'habitants ou en produit intérieur brut, mais elle est beaucoup moins unie et moins à l'aise dans l'économie mondialisée.

Sur le plan militaire, l'Union européenne ne compte même pas comme puissance, puisque chaque État membre détermine souverainement sa politique en la matière. Les États-Unis surpassent de loin tout le monde, leur budget de défense est presque équivalent aux budgets de tous les autres pays réunis. Aucune coalition d'États ne peut se poser en rival sérieux, puisque participer à une telle alliance irait à l'encontre des intérêts particuliers de chaque pays concerné. La crise irakienne a fourni la démonstration la plus récente de cette réalité : plusieurs pays membres de l'Union européenne — le Royaume-Uni, l'Italie, l'Espagne et le Danemark, rejoints par les nouveaux membres de l'Europe de l'Est — ont rallié le camp des États-Unis plutôt que celui de l'Europe.

La position dominante de l'Amérique lui impose une responsabilité exceptionnelle. Les États-Unis ne sauraient se contenter d'agir par égoïsme national. Ils doivent aussi se soucier, et cela par intérêt bien compris, du bien-être du reste du monde. Car ils sont le seul pays capable de réaliser des améliorations qui se répercutent sur l'ensemble du système. Si un pays est actuellement responsable de l'ordre mondial, c'est bien les États-Unis. Ce pays n'a assurément pas les moyens de faire tout ce qu'il veut — il vient de l'apprendre à ses dépens en Irak —, mais on ne peut pas non plus obtenir grand-chose en matière de coopération internationale sans qu'il y joue un rôle dominant ou du moins actif. Non que les autres pays soient dispensés de s'occuper du bien-être du monde : leur attitude a son importance. Mais c'est celle des États-Unis qui compte le plus. Ce sont eux qui déterminent en grande partie les objectifs à venir, les autres étant contraints de réagir aux initiatives américaines.

Les États-Unis ne sauraient, bien sûr, centrer toute leur politique étrangère sur l'amélioration de l'ordre mondial. Mais ils ne peuvent pas non plus se borner à renforcer leur position au sein du système existant. La politique extérieure de tout pays comporte une multiplicité d'objectifs souvent contradictoires. Lorsque le bien-être de l'humanité entre en conflit avec des intérêts nationaux ou sectoriels, ce sont généralement ces derniers qui l'emportent. Il faudrait toutefois accorder une plus grande importance à l'intérêt général qu'il n'en a aujourd'hui. Plus les États-Unis sont prospères et performants, plus ils devraient se soucier de la survie et de la prospérité du système qu'ils dominent, car c'est dans leur intérêt.

Grâce au développement technologique, l'humanité a considérablement augmenté son pouvoir sur la nature. Mais en l'absence de progrès équivalents dans la gestion de ce pouvoir, elle est tout à fait capable de se détruire et de détruire son environnement. Il est donc urgent d'élaborer de meilleures méthodes de sauvegarde de l'intérêt général, et il appartient aux États-Unis de prendre la tête de cette action. La prolifération des armes nucléaires constitue un danger particulier, mais d'autres menaces, notamment écologiques, nous guettent. Longtemps avant l'invention de la bombe atomique, des civilisations entières ont été anéanties.

INTÉRÊT NATIONAL CONTRE INTÉRÊT GÉNÉRAL

L'ordre mondial de notre époque recèle un vaste problème non résolu : comment protéger l'intérêt général dans un monde constitué d'États souverains habitués à privilégier chacun leurs intérêts propres ? Ces comportements ne sont d'ailleurs pas l'apanage de l'administration Bush, critiquée à juste titre pour son unilatéralisme excessif. Les États membres de l'Union européenne cherchent eux aussi à tirer la couverture à eux. Quant aux autres pays membres des Nations unies, ils brillent souvent par le souci exclusif de leurs intérêts nationaux. Au sein de l'organisation internationale, ils s'entendent pour répartir entre eux les emplois et les fonctions (raison parmi d'autres de l'inefficacité des agences onusiennes). Il ne s'agit donc nullement d'une aberration, mais d'un fonctionnement généralisé. Comme l'a dit Henry Kissinger en s'inspirant du cardinal de Richelieu, les États n'ont pas de principes, ils n'ont que des intérêts[1].

1. Henry Kissinger, *Diplomatie,* Paris, Fayard, 1996.

Le problème est sans solution, mais certaines réponses sont meilleures que d'autres. C'est d'ailleurs normal : devoir affronter des problèmes insolubles fait partie de la condition humaine. Ce serait utopique de vouloir inventer une solution qui abolirait les États souverains pour les remplacer par des institutions internationales. Et pourtant, il faut trouver le moyen de concilier l'intérêt général et le principe de souveraineté nationale. La voie démocratique la plus prometteuse consisterait à mettre en place un système multilatéral qui ferait obligation à tous les États de se soumettre aux mêmes règles et de participer aux mêmes structures. On pourrait dès lors confier à l'opinion internationale la tâche de définir et de sauvegarder l'intérêt général dans une plus grande mesure qu'aujourd'hui. Et compte tenu de leur place primordiale, il revient aux États-Unis d'assumer la direction de cet effort. Ils verraient ainsi leur position renforcée plutôt qu'affaiblie, tant que leurs performances demeureraient supérieures. Par contre, un tel système imposerait à l'Amérique de respecter les règles et les accords internationaux au même titre que les autres pays.

L'administration Bush ne partage pas du tout cette conception du rôle des États-Unis dans le monde. Elle éprouve une aversion viscérale pour le multilatéralisme sous toutes ses formes. Ses idéologues réduisent les relations internationales à de simples rapports de force qui ne doivent rien au droit, et ils estiment donc que les institutions et les traités multilatéraux ne font qu'entraver inutilement l'exercice de leur pouvoir. La seule forme de coopération supportable pour le gouvernement actuel est celle qui donne à l'Amérique le privilège de décider et aux autres le devoir d'acquiescer. C'est cette mentalité qui a accouché de la doctrine Bush.

Les États-Unis ont besoin d'une philosophie radicalement différente. Ils doivent prendre la tête d'un effort solidaire d'amélioration de l'ordre mondial, car ils sont les seuls capables de le faire. Comme le montre l'expérience de la Cour pénale internationale et du protocole de Kyoto sur les changements climatiques, les accords internationaux sont beaucoup moins efficaces quand les États-Unis se tiennent à l'écart. Mais vu leur position dominante, ceux-ci ont plus à gagner que quiconque à la rationalisation du fonctionnement du système.

LE SYSTÈME CAPITALISTE MONDIAL

Si les structures politiques et de sécurité continuent de ressortir clairement des États souverains, les activités économiques se sont véritablement mondialisées. La mondialisation est un terme galvaudé qui peut avoir des sens multiples. Il se réfère, par exemple, à la diffusion internationale de l'information et de la culture ; à la présence de plus en plus générale de la télévision, d'Internet et d'autres formes de communication ; à la mobilité accrue et à la commercialisation accélérée des idées. Pour les besoins de notre analyse, j'utiliserai le mot *mondialisation* pour désigner le développement des marchés financiers à l'échelle mondiale, l'essor des entreprises transnationales et leur emprise croissante sur les économies nationales.

Les taux d'intérêt, les taux de change et les cours boursiers de beaucoup de pays sont intimement liés, et les marchés financiers mondialisés ont une influence énorme sur les conditions économiques. Compte tenu de ce rôle décisif que jouent les capitaux financiers internationaux dans les fortunes de chaque pays pris individuellement, on est fondé à parler d'un système capitaliste mondial.

Son trait le plus marquant est qu'il permet aux capitaux financiers de se déplacer librement, tandis que les déplacements des personnes demeurent fortement réglementés. Les capitaux étant indispensables à la production, les différents pays doivent entrer en compétition pour les attirer. Cela limite donc leur capacité à taxer et à réglementer les capitaux, car des charges et des contraintes jugées trop importantes feraient fuir les investisseurs.

Les capitaux financiers ont un statut encore plus privilégié que les capitaux immobilisés. Ils bénéficient d'une grande liberté de mouvement qui leur permet d'éviter les pays qui les imposeraient ou les réglementeraient trop lourdement. Il n'en va pas de même des capitaux immobilisés : une fois investis, ils peuvent difficilement être déplacés, comme leur nom l'indique, et se trouvent donc prisonniers des exigences que leur applique le pays hôte. Certes, les multinationales ont une grande souplesse, notamment en matière de prix de transfert, ainsi que la possibilité d'exercer des pressions sur les gouvernements hôtes par le biais de leurs décisions sur les investissements futurs. Mais cette souplesse pâlit à côté de la liberté de choix dont disposent les investisseurs financiers internationaux. Sous l'effet de la mondialisation, le caractère de nos structures économiques et sociales a subi une transformation radicale : la nécessité d'attirer les capitaux étrangers prend désormais la priorité sur d'autres impératifs sociaux. La plupart des problèmes que l'on associe communément à la mondialisation, comme la pénétration de la logique marchande dans des sphères où elle n'a traditionnellement pas sa place, relève à mon sens du même phénomène.

À l'éventail des placements possibles s'ajoute le fait que ces investisseurs se trouvent au cœur de l'économie mondiale plutôt qu'à la périphérie du système. Les capitaux affluent vers les grandes places financières, d'où ils sont de nouveau répartis. C'est pour cela que les marchés financiers internationaux jouent aujourd'hui un rôle tellement dominant dans le monde et que leur influence s'est accrue aussi rapidement.

Ces marchés fonctionnent à la manière d'un vaste système circulatoire : ils aspirent les capitaux pour les concentrer dans les institutions et les marchés financiers du centre, puis ils les envoient, par pompage, vers la périphérie, que ce soit directement, sous forme de crédits et d'investissements de portefeuille ou, indirectement, par le biais des entreprises transnationales. Tant que la circulation reste vigoureuse, elle parvient à prendre d'assaut tous les marchés locaux, à tel point que la plupart des capitaux locaux finissent par s'internationaliser. Mais le système est aussi sujet à des pannes. Les crises financières affectent très différemment le centre et la périphérie. Si une crise met en péril le système financier international dans son ensemble, des mesures seront prises pour l'endiguer, ce qui donne une protection considérable aux pays du centre. Il n'en va pas de même des pays de la périphérie, qui, eux, risquent la catastrophe.

UN PEU DE RECUL HISTORIQUE

La mondialisation telle qu'elle est définie ici est un phénomène relativement récent qui dessine une ligne de démarcation entre aujourd'hui et la période située cinquante ou même vingt-cinq ans plus tôt. À l'issue de la Seconde Guerre mondiale, les économies avaient un caractère essentiellement national, la plupart des monnaies n'étaient pas convertibles pour les opérations en capital, le commerce international était asthénique et les mouvements internationaux de capitaux — investissements directs ou transactions financières — étaient atones. Les institutions issues de la conférence de Bretton Woods, le Fonds monétaire international (FMI) et la Banque mondiale, avaient vu le jour dans un monde dépourvu de flux à l'échelle internationale. La Banque mondiale avait pour mission de pallier la faiblesse des investissements directs, le FMI de corriger les déséquilibres du commerce international en remédiant au manque de crédits. À cette époque, les capitaux étrangers investis dans les pays moins développés, dont bon nombre se trouvaient encore sous le joug colonial, étaient pour la plupart engagés dans l'exploitation des matières premières. Par ailleurs, les pays ayant à peine accédé à l'indépendance avaient tendance à exproprier les capitaux internationaux à leur disposition plutôt que de chercher à attirer des capitaux privés de l'étranger. On a ainsi assisté en 1951 à la nationalisation de l'Anglo-Iranian Oil Company, prélude à d'autres vagues de nationalisations puis à la création en 1973 de l'Organisation des pays exportateurs de pétrole (Opep). La nationalisation des secteurs stratégiques de l'économie était également à l'ordre du jour en Europe.

Les années d'après-guerre ont vu l'essor du commerce international, suivi par celui des investissements directs. Les entreprises américaines se sont implantées en Europe, puis dans le reste du monde. Ensuite, des sociétés originaires d'autres pays se sont peu à peu jointes à ce mouvement vers l'internationalisation. Bien des secteurs d'activité — automobile, chimie, informatique — sont alors passés sous la domination des multinationales. Les marchés financiers internationaux se sont développés à un rythme plus lent, notamment du fait que nombre de devises n'étaient toujours pas librement convertibles et que beaucoup de pays continuaient de contrôler strictement les opérations en capital. Ces contrôles n'ont été levés que très progressivement, y compris au Royaume-Uni, où ils n'ont été officiellement abolis qu'en 1979.

Lorsque je me suis lancé dans les affaires à Londres, en 1953, les banques et les marchés financiers étaient rigoureusement réglementés sur une base nationale, et le régime de parité fixe alors en vigueur imposait de nombreuses restrictions aux mouvements de capitaux. Il y avait, à côté, un marché des changes en livres sterling et en dollars où des taux spéciaux s'appliquaient aux opérations en capital. Après mon installation aux États-Unis en 1956, le marché international des valeurs mobilières s'est progressivement libéralisé. La mise en place du Marché commun a incité les investisseurs américains à acheter des titres européens, mais la comptabilité des entreprises concernées et les systèmes de règlement laissaient à désirer. Les conditions de l'époque ressemblaient sensiblement à celles que l'on trouve aujourd'hui dans certains pays émergents, à ceci près que les analystes et les opérateurs étaient moins compétents. C'était le début de ma carrière dans la finance : j'étais un borgne au royaume des aveugles. En 1963 encore, le président John F. Kennedy a pu introduire un impôt de

« péréquation des intérêts » applicable aux investisseurs américains qui achetaient des titres étrangers. Cette seule mesure m'a pratiquement obligé à fermer boutique.

La mondialisation des marchés financiers a véritablement démarré au cours des années 1970. Une fois constituée, l'Opep a fortement augmenté le prix du pétrole. Les pays exportateurs se sont soudain retrouvés avec des excédents énormes, alors que les pays importateurs ont dû financer des déficits considérables. Il revenait aux banques de dépôt, encouragées en sous-main par les gouvernements occidentaux, de recycler les fonds fraîchement accumulés. C'est de cette période que datent l'invention des eurodollars et le développement des grandes places off-shore. Du coup, les gouvernements ont commencé à faire des concessions fiscales et autres dans l'espoir de rendre leur territoire à nouveau alléchant pour les investisseurs internationaux. Ironie du sort, ces mesures ont donné encore plus de marge de manœuvre aux capitaux off-shore. L'essor du marché des prêts internationaux a été suivi en 1982 d'un effondrement spectaculaire, mais, à ce stade, les capitaux financiers avaient clairement conquis leur liberté de mouvement.

La mondialisation a reçu une nouvelle impulsion au début des années 1980 avec l'arrivée au pouvoir de Margaret Thatcher et de Ronald Reagan, dont le programme promettait d'exclure l'État de l'activité économique et de laisser libre cours aux mécanismes de marché. Cela s'est traduit en pratique par une rigueur monétaire absolue qui a eu pour premier effet de plonger le monde dans une récession et de précipiter la crise internationale de la dette de 1982. L'économie mondiale a mis plusieurs années à se redresser — on parle en Amérique latine de la décennie perdue —, mais elle a bien fini par y parvenir. À partir de là et jusqu'en 1997, elle a connu une longue période d'expansion quasi ininterrompue.

C'est alors que le taux de change du baht thaïlandais a cessé d'être indexé. Ce changement a déclenché une crise financière dont les ondes de choc allaient se propager dans le monde entier. Les marchés financiers ont soudain pris l'allure de boulets de démolition qui abattaient une économie nationale après l'autre. Toutefois, seuls les pays dits en développement, situés à la périphérie du système capitaliste, ont été directement touchés. Mais quand l'insolvabilité de la Russie a menacé la stabilité même du système, les autorités financières sont enfin intervenues pour empêcher son écroulement. Les économies du centre — Amérique du Nord et Europe — ont à peine senti un léger tremblement, et les marchés financiers internationaux en sont sortis largement indemnes.

Ce n'est pas la première fois de l'Histoire que ces marchés ont joué un rôle aussi central. Le capitalisme international remonte en fait aux villes italiennes autonomes et à la Hanse, qui a permis à des entités politiques disparates de fonctionner ensemble grâce à des liens commerciaux et financiers. Il s'est affirmé comme système dominant au cours du XIXe siècle et l'est demeuré jusqu'aux désorganisations provoquées par la Première Guerre mondiale. Le système mondial que l'on connaît aujourd'hui a cependant quelques traits nouveaux qui le distinguent de ses incarnations antérieures. La vitesse des communications en fait partie, mais s'agit-il réellement d'une si grande nouveauté ? L'avènement du chemin de fer, de la télégraphie et de la téléphonie a après tout engendré autrefois une accélération tout aussi importante que l'essor contemporain de l'informatique. Indiscutablement, la révolution de l'information a des caractéristiques inédites, mais on pourrait en dire autant de la révolution des transports au XIXe siècle. Dans l'ensemble, donc, le système actuel montre de fortes similitudes avec celui qui existait il y a cent ans, encore qu'il soit foncièrement différent du système en place il y a cinquante ans à peine.

De quand date donc la phase actuelle du capitalisme mondial ? Des années 1970, quand le marché off-shore des eurodollars s'est développé ? Des environs de 1980, période de l'arrivée au pouvoir de Margaret Thatcher et de Ronald Reagan ? Ou encore de 1989, année de la désintégration de l'empire soviétique et de l'internationalisation véritable du capitalisme ? J'opte pour ma part pour 1980, car la mondialisation a été l'œuvre des intégristes du marché. Les gouvernements reaganien et thatchérien ont eu pour objectif de réduire la capacité de l'État à intervenir dans l'économie, et la mondialisation convenait particulièrement bien à ce projet. D'autres pays ont été obligés de leur emboîter le pas pour attirer ou retenir des capitaux. Mais, dans l'intervalle, les deux pionniers, États-Unis et Royaume-Uni, avaient acquis un avantage concurrentiel auquel s'ajoute celui — durable — qu'ils tiraient du statut de New York et de Londres comme principales places financières du monde. Jugée selon les critères de l'intégrisme des marchés, la mondialisation a bien réussi comme projet.

C'est certainement une évolution souhaitable à maints égards. D'abord, le commerce international profite à l'ensemble des acteurs en ce sens que les gagnants pourraient dédommager les perdants tout en dégageant un surplus. Ensuite, l'entreprise privée parvient mieux que l'État à créer de la richesse. Les États ont aussi tendance à abuser de leur pouvoir, tandis que la mondialisation offre un haut degré de liberté. La concurrence sans entraves à l'échelle planétaire a libéré des talents créatifs et entrepreneuriaux et stimulé l'innovation technologique. Et pour difficile que ce soit de le prouver, on a tout lieu de supposer que la mondialisation a accéléré la croissance économique dans le monde entier. Pourtant, la seule somme des différents PIB n'est pas un instrument adapté à l'évaluation du bien-être humain.

Les intégristes du marché soulignent les bienfaits de la mondialisation financière, mais ils se montrent peu bavards sur ses inconvénients. Les marchés, affirment-ils, tendent vers l'équilibre et produisent l'allocation optimale des ressources. Et même quand ils se révèlent en deçà de la perfection, les intégristes préfèrent néanmoins continuer à leur faire confiance plutôt que de les laisser entraver par la réglementation nationale ou internationale.

Il est toutefois dangereux de se fier excessivement aux mécanismes du marché. Les marchés financiers ont pour raison d'être de faciliter l'échange de produits et de services entre participants volontaires, mais ils ne sont pas capables par eux-mêmes de se charger des besoins collectifs, ni d'ailleurs d'assurer la justice sociale. Seul un processus politique peut fournir ces « biens publics ».

Or la mondialisation a gravement entamé la capacité des États à remplir cette fonction, puisqu'elle les prive largement de cette source disponible et abondante de rentrées que sont les impôts sur le revenu et les bénéfices en même temps qu'elle conduit à la baisse ou à la disparition des droits de douane. Du coup, il s'avère impossible de préserver l'État-providence tel qu'on le connaît depuis les premières années de l'après-guerre. Certains pays qui ont radicalement remanié leur système de sécurité sociale ou d'emploi — surtout les États-Unis et le Royaume-Uni — ont connu une forte croissance économique, alors que d'autres qui ont cherché à conserver le leur, comme la France ou l'Allemagne, sont restés à la traîne.

Le démantèlement de l'État-providence est un phénomène relativement nouveau dont on est encore loin d'avoir senti tous les effets. Depuis la fin de la Seconde Guerre mondiale, la part de l'État dans le produit national brut a pratiquement doublé dans l'ensemble des pays industrialisés[1]. Ce n'est qu'à partir de 1980 que cette ascension s'est brisée. Notons tout de même que cette part n'a pas diminué sensiblement depuis lors. Ce qui s'est passé, c'est plutôt que les impôts et les prélèvements sur le capital et le travail ont baissé, alors que les autres taxes (notamment sur la consommation) ont poursuivi leur progression. En un mot, la charge fiscale s'est déplacée : de moins en moins supportée par les détenteurs de capitaux — les riches —, elle pèse de plus en plus sur les consommateurs, c'est-à-dire les couches moyennes et défavorisées. Cela ne correspond certes pas tout à fait à ce qui a été promis, mais on ne saurait parler à cet égard de conséquences non voulues, car c'était exactement ce que les intégristes du marché avaient en tête.

1. Voir Dani Rodrik, *Has Globalization Gone Too Far ?*, Washington, D.C., Institute for International Economics, 1997, p. 49.

La balance des avantages a tellement penché du côté du capital financier que l'on entend souvent dire à l'heure actuelle que les multinationales et les marchés financiers internationaux auraient en quelque sorte supplanté les États souverains. Cette vision repose cependant sur une mauvaise analyse. Les États conservent leur souveraineté et exercent une autorité légale et coercitive qu'aucun individu — ni entreprise — ne peut espérer posséder. Et si les marchés se sont effectivement mondialisés, tout le domaine politique continue de dépendre des États souverains. Quelques institutions internationales ont certes été mises sur pied, mais elles n'ont pas le droit de s'ingérer dans les affaires intérieures des États, sauf dans les cas où ceux-ci leur ont délégué tout ou partie de leur souveraineté.

La coexistence de marchés financiers mondialisés et de structures politiques nationales a débouché sur un système bancal qui sert avant tout à produire et à échanger des produits et des services. Les besoins collectifs et les impératifs de justice sociale passent forcément au second plan, car les institutions internationales nécessaires à leur prise en compte ne se sont pas développées au même rythme que les marchés.

La délégation de souveraineté est allée beaucoup plus loin dans les domaines économique et financier qu'ailleurs. Par exemple, l'Union européenne comporte un marché commun pour lequel les États membres ont délégué des pouvoirs considérables à la Commission ; dans le même temps, la Banque centrale européenne exerce désormais certaines des prérogatives les plus importantes de l'État : l'émission de la monnaie et le contrôle des taux d'intérêt, facteur clé de la gestion macroéconomique. Pourtant, les États membres conservent leur souveraineté sur la politique étrangère, la défense et la plupart des autres domaines. C'est seulement à l'heure de l'élargissement de l'Union européenne à vingt-cinq membres que de nouvelles délégations de pouvoir s'annoncent incontournables. Cette contradiction au sein de l'Union européenne se retrouve d'ailleurs au niveau des structures à vocation plus nettement internationale. En règle générale, les institutions financières et commerciales comme le FMI, la Banque mondiale ou l'Organisation mondiale du commerce disposent de pouvoirs et de ressources qui dépassent ceux des institutions politiques, notamment l'ONU. C'est conforme à la nature déséquilibrée du système capitaliste. La mondialisation privilégie la quête de rentabilité et l'accumulation privée de richesses au détriment de la création de biens publics.

Cette disparité entre privé et public se manifeste à plusieurs niveaux. D'abord, on constate des inégalités croissantes entre riches et pauvres, tant au sein de chaque communauté nationale qu'entre pays. Certes, la mondialisation n'est pas un jeu à somme nulle : ses avantages l'emportent sur ses coûts en ce sens que l'on pourrait utiliser les richesses supplémentaires qu'elle rend possibles pour corriger les injustices et autres défauts du système, tout en dégageant un solde positif. L'ennui, c'est que les gagnants ne dédommagent pas les perdants, ni à l'intérieur d'un pays ni entre pays. L'État-providence tel qu'on le connaît est devenu impossible à maintenir et la redistribution internationale des revenus est à peu près inexistante. En 2002, l'aide internationale s'élevait au total à 56,5 milliards de dollars[1], soit 0,18 % seulement du PIB mondial[2]. Résultat : l'écart entre riches et pauvres continue de se creuser. Le 1 % le plus riche de la population mondiale reçoit autant que les 57 % les plus pauvres. Environ 1,2 milliard de personnes vivent avec moins d'un dollar par jour[3] ; plus d'un milliard n'a pas accès à l'eau potable[4] ; 827 millions souffrent de malnutrition[5]. Si la mondialisation n'a pas nécessairement créé ces conditions, elle n'a pas fait grand-chose pour y remédier.

Ensuite, les pays situés au centre du système capitaliste bénéficient de trop d'avantages par rapport aux pays de la périphérie, dont le plus important est peut-être la possibilité d'emprunter dans leur propre monnaie. Cela leur permet de prendre des mesures anticycliques, c'est-à-dire d'abaisser les taux d'intérêt ou d'augmenter les dépenses publiques pour lutter contre les tendances récessives. Les pays du centre dominent également le FMI et le système financier international. Ces deux facteurs leur donnent une influence sur leur destin que les pays de la périphérie ne peuvent avoir en raison de leur situation de plus grande dépendance.

1. Nations unies, *Rapport Mondial sur le développement humain 2003 : Les objectifs du millénaire pour le développement : Un pacte entre les pays pour vaincre la pauvreté humaine,* disponible sur http://www.undp.org/hdr2003/francais.
2. Voir Fonds monétaire international, « Selected World Aggregates, Annual Data », disponible sur http://www.imf.org/external/pubs/ft/weo/2003/01/data/index.htm#1.
3. Nations unies, *Rapport Mondial sur le développement humain 2003, op. cit.*
4. Nations unies, *Rapport Mondial sur le développement humain 2002 : Approfondir la démocratie dans un monde fragmenté,* disponible sur http://www.undp.org/hdr2002/francais.
5. Nations unies, *Rapport Mondial sur le développement humain 2003, op. cit.*

N'en déplaise aux intégristes des marchés, les marchés financiers ne tendent pas vers l'équilibre : ils sont régulièrement sujets à des crises. Depuis 1980, on a assisté à plusieurs crises financières particulièrement ravageuses. Mais chaque fois que le centre paraît menacé, les autorités interviennent vigoureusement pour protéger le système et, de ce fait, les ravages ne dépassent pas la périphérie. Ce fonctionnement a augmenté non seulement la richesse, mais aussi la stabilité des pays du centre. Par ailleurs, il incite les capitalistes périphériques à placer leur fortune dans ceux-ci. Les capitaux productifs des pays périphériques sont, à leur tour, détenus en grande partie par des étrangers. La possibilité qu'ont les capitalistes locaux d'expatrier leurs avoirs et l'influence des multinationales se conjuguent pour réduire la capacité des pays périphériques à maîtriser leur destin et pour entraver le développement d'institutions démocratiques. Les effets préjudiciables sont cumulatifs, tant et si bien que, pour certains de ces pays, les inconvénients de la mondialisation peuvent l'emporter sur les avantages.

La troisième grande disparité se trouve entre les pays dotés d'un bon gouvernement et d'institutions démocratiques qui fonctionnent bien et les pays affligés d'un régime corrompu ou répressif ou même des États déstructurés. Habituellement, certes, on évalue le progrès économique dans son ensemble, mais il faut néanmoins reconnaître que, au sein de cet « ensemble », il y a des gagnants et des perdants et que le gouffre s'élargit de jour en jour entre eux. Certains pays avancent alors que d'autres reculent. Les crises ont malheureusement un impact beaucoup plus radical que les évolutions positives et peuvent défaire d'un seul coup des années de progrès. Pis, le coup en question a de fortes chances d'être suivi d'un autre. Conflits armés, régimes répressifs et crises financières ont tendance à s'entretenir d'eux-mêmes et à se renforcer mutuellement, et les pays qui en sont prisonniers finissent par constituer la « classe des exclus » du système capitaliste mondial[1]. Inverser cette spirale descendante, tel est l'un des plus grands défis qu'il importe aujourd'hui de relever. Mais dans l'état actuel des choses, le principe de la souveraineté nationale fait obstacle à l'ingérence dans les affaires intérieures des États. Quant aux institutions internationales existantes, maintenir la paix, empêcher l'éclatement de conflits civils, déloger des dictateurs récalcitrants et autres tâches semblables sont au-delà de leurs capacités.

Dans *Guide critique de la mondialisation,* j'ai déjà analysé les insuffisances de l'ordre mondial actuel, mais en concentrant mon attention sur les seuls aspects économiques et financiers. J'ai examiné les moyens d'améliorer nos institutions financières et commerciales internationales (IFCI) et affirmé que, outre leurs autres carences, un élément en particulier leur faisait défaut : de meilleurs dispositifs d'aide internationale.

J'avais de solides raisons pour m'engager dans cette voie. Je craignais que l'alliance involontaire entre intégristes du marché à droite et altermondialistes à gauche ne finisse par détruire nos IFCI. Mon inquiétude avait été déclenchée d'une part par les slogans simplistes de ces derniers et

1. Une équipe de la Banque mondiale, travaillant sous la direction de Paul Collier, a réalisé une étude radicalement novatrice sur ce sujet. Voir Paul Collier et al., *Breaking the Conflict Trap : Civil War and Development Policy*, Washington, D.C., World Bank et Oxford University Press, 2003.

d'autre part par l'attitude négative du Congrès américain envers les institutions et les traités internationaux. J'estimais pouvoir prétendre à une certaine compétence dans le domaine financier et j'avais des propositions pratiques à faire. Mais aujourd'hui, moins de deux ans plus tard, j'éprouve le besoin d'élargir le champ de mon analyse, jusque-là essentiellement économique et financière, pour aborder aussi des questions de politique et de sécurité.

C'est la manière dont l'administration Bush a réagi aux attentats du 11 septembre qui me pousse dans ce sens. Si mon principal souci était au départ les excès des intégristes du marché, ce sont ceux des adeptes de la suprématie américaine qui m'alarment le plus à présent. Loin de moi pourtant de vouloir minimiser la menace terroriste : les deux phénomènes sont intimement liés. C'est la destruction des tours jumelles qui a permis à ces croisés de verser dans l'outrance et d'y entraîner avec eux l'Amérique tout entière. C'est l'administration Bush qui affirme que plus rien ne sera comme avant. Et ce sont les États-Unis qui dictent largement l'« ordre du jour » que le reste du monde devra adopter.

En élargissant donc l'horizon du débat, j'aborderai sous un angle différent les trois types d'inégalités nommés dans ce chapitre : privé et public, centre et périphérie, gouvernements bons et mauvais. Au lieu d'insister sur le rôle des IFCI comme dans mon ouvrage précédent, je vais me pencher sur celui des États, et tout particulièrement sur celui des États-Unis.

Jamais auparavant le monde n'a vécu dans une telle interdépendance, alors que nos structures politiques continuent de reposer sur le principe de souveraineté nationale.

Ce qui se passe dans un seul pays concerne nécessairement tous les autres. C'était déjà le cas avant les attentats du 11 septembre, mais ceux-ci nous ont obligés à le voir avec une acuité nouvelle. Et pourtant, le principe de souveraineté nous empêche de nous immiscer dans les affaires intérieures des États : voilà le grand problème non résolu de l'ordre mondial actuel. L'invasion de l'Irak était une mauvaise façon de l'aborder. Y en a-t-il une meilleure ? C'est la question à laquelle je tâcherai de répondre dans les prochains chapitres.

7

SOUVERAINETÉ NATIONALE ET INTERVENTION ÉTRANGÈRE

LA SOUVERAINETÉ est un concept historique né à une époque où la société était composée de souverains et de sujets, et non de citoyens. Avec le traité de Westphalie en 1648, ce concept est devenu la pierre angulaire des relations internationales. Il fut ainsi décidé, après trente ans de guerres de religion, que le souverain avait le droit de décider de la religion de ses sujets : *Cujus regio ejus religio.* Pendant la Révolution française, le roi fut renversé et le peuple s'empara de la souveraineté. Depuis lors, elle aurait dû rester dans les mains du peuple, mais, dans la pratique, ce sont les gouvernements qui l'exercent. La conception de la souveraineté comme attribut d'une dynastie fut remplacée par la souveraineté nationale. Et si certains États sont démocratiques, d'autres ne le sont pas, mais on ne peut pas y faire grand-chose dans la mesure où le principe de souveraineté protège les régimes autoritaires des ingérences extérieures.

Qu'elle soit anachronique ou pas, la souveraineté demeure le fondement de l'ordre mondial actuel, et il serait utopique de penser le contraire. Comme nous l'avons vu, le monde dans lequel nous vivons est bancal : l'économie est mondialisée, mais le pouvoir politique continue d'être enraciné dans la souveraineté des États.

Cela pose deux problèmes distincts : il faut, d'une part, déterminer comment intervenir dans la politique intérieure des États souverains et, d'autre part, s'assurer que l'intervention se fasse dans l'intérêt collectif. La plupart des institutions internationales — les Nations unies en tout premier lieu — sont des associations d'États souverains qui ont tendance à mettre leurs intérêts nationaux avant l'intérêt collectif. Qui détient donc le droit d'ingérence et sur quelles bases ?

L'INTERVENTION CONSTRUCTIVE

Il existe une solution relativement simple au premier problème. Une proposition d'aide ne remet pas en cause la souveraineté nationale, les États destinataires étant libres de l'accepter ou de la refuser. L'aide au développement et d'autres formes d'assistance peuvent permettre d'améliorer la situation à l'intérieur d'un pays sans pour autant porter atteinte au principe de souveraineté.

Le capitalisme mondialisé a créé des marchés mondialisés dont la discipline milite contre toute forme d'assistance internationale. De ce fait, on ne trouve pas d'équilibre entre mesures constructives et mesures punitives dans les dispositions internationales actuelles, et c'est là un défaut du système capitaliste. Des actions constructives et des mesures correctives devraient jouer un rôle plus important qu'il n'est le cas aujourd'hui. Elles ne violent pas la souveraineté du pays qui en est le bénéficiaire, et le retrait d'un tel soutien pourrait servir de mesure punitive qui respecte elle aussi cette souveraineté.

Mais l'aide extérieure ne constitue qu'une partie de la réponse, d'autant qu'elle ne s'applique qu'aux pays qui veulent bien l'accepter. Cela nous laisse face aux pays affligés d'un régime répressif et corrompu qui résiste aux ingérences étrangères. Or ceux-là ont souvent davantage besoin d'une intervention extérieure que les pays les plus prompts à demander de l'aide. Comment concilier besoin d'intervention et principe de souveraineté ?

LA SOUVERAINETÉ DU PEUPLE

Il faut repenser ce dernier principe. La souveraineté appartient au peuple, qui est censé la déléguer au gouvernement par le truchement des élections. Mais tous les gouvernements ne sont pas élus démocratiquement et même les gouvernements démocratiques peuvent abuser de l'autorité qui leur est conférée. Si les abus de pouvoir sont suffisamment graves et que le peuple est privé de la possibilité de les redresser, l'ingérence extérieure se justifie. Une intervention internationale est souvent la seule bouée de sauvetage qui reste aux opprimés.

La souveraineté du peuple est un principe fort. On le comprend et on l'accepte facilement. Il est profondément enraciné dans la pensée des Lumières, qui a incité les architectes de la Révolution française à transférer la souveraineté des mains du roi à celles du peuple[1]. En pratique, on a tout intérêt à retourner aux sources de cette idée (révolutionnaire)[2]. L'ordre mondial actuel est bâti sur la souveraineté qui revient à l'État et à son gouvernement. En précisant

1. Le même transfert s'est produit lors de la révolution américaine, à ceci près que c'est un roi étranger qui fut détrôné.
2. On retrouve en fait l'origine de cette idée chez Marsile de Padoue au XIVe siècle.

que *la souveraineté appartient au peuple,* nous pouvons pénétrer dans l'État-nation et protéger les droits du peuple.

Le concept de souveraineté du peuple n'est pas dépourvu de complications. Quand on a affaire à des groupes ethniques ou affinitaires, comment déterminer qui a droit à l'autodétermination ? Cette question a entraîné bien des faiblesses dans les accords de paix issus de la Première Guerre mondiale, dont l'Irak offre un exemple éloquent. Mais, en tant que principe général, le concept de souveraineté du peuple conserve toute sa valeur.

LA RESPONSABILITÉ DE PROTÉGER

Le dirigeant d'un État souverain a la responsabilité de protéger ses citoyens. Quand il n'y parvient pas, cette responsabilité doit être transférée à la communauté internationale. Ce principe devrait guider la communauté internationale dans ses choix politiques. L'une des objections essentielles à l'intervention en Irak est qu'elle a mis en péril ce principe en substituant la force américaine à la légitimité internationale.

Le principe de la « responsabilité de protéger » a été mis au point par une commission sous la direction de Kofi Annan, le Secrétaire général des Nations unies [1]. Le résumé de ses conclusions vaut la peine d'être cité in extenso. J'insiste tout particulièrement sur ses principes universels : la nécessité de montrer que l'intervention répond aux

1. Commission internationale des Nations unies de l'intervention et de la souveraineté des États, *La Responsabilité de protéger,* Centre de recherches pour le développement international, Ottawa, Ontario, 2001.

besoins de la population locale et la justification de l'intervention militaire en dernier recours :

La responsabilité de protéger : principes de base

1. Principes fondamentaux
   A. La souveraineté des États implique une responsabilité, et c'est à l'État lui-même qu'incombe, au premier chef, la responsabilité de protéger son peuple.
   B. Quand une population souffre gravement des conséquences d'une guerre civile, d'une insurrection, de la répression exercée par l'État ou de l'échec de ses politiques, et lorsque l'État en question n'est pas disposé ou apte à mettre un terme à ces souffrances ou à les éviter, la responsabilité internationale de protéger prend le pas sur le principe de non-intervention.[...]
2. Éléments
   La responsabilité de protéger comprend trois obligations particulières :
   A. *La responsabilité de prévenir :* éliminer à la fois les causes profondes et les causes directes des conflits internes et des autres crises produites par l'homme qui mettent en danger les populations.
   B. *La responsabilité de réagir :* réagir devant des situations ou la protection des êtres humains est une impérieuse nécessité, en utilisant des mesures appropriées pouvant prendre la forme de mesures coercitive telles que des sanctions et

des poursuites internationales et, dans les cas extrêmes, en ayant recours à l'intervention militaire.

C. *La responsabilité de reconstruire :* fournir, surtout après une intervention militaire, une assistance à tous les niveaux afin de faciliter la reprise des activités, la reconstruction et la réconciliation, en agissant sur les causes des exactions auxquelles l'intervention devait mettre un terme ou avait pour objet d'éviter.

3. Priorités

A. *La prévention est la principale dimension de la responsabilité de protéger :* il faut toujours épuiser toutes les possibilités de prévention avant d'envisager une intervention, et il faut lui consacrer plus de détermination et de ressources.

B. Lorsque l'on doit assumer les responsabilités de prévenir et de réagir, il faut toujours envisager les mesures les moins intrusives et les moins contraignantes avant de passer à des interventions plus contraignantes et intrusives.

La responsabilité de protéger : principes pour l'intervention militaire

1. Le seuil de la cause juste

L'intervention militaire à des fins de protection humaine doit être considérée comme une mesure exceptionnelle et extraordinaire. Pour qu'elle soit justifiée, il faut qu'un dommage grave et irréparable touchant des êtres humains soit en train — ou risque à tout moment — de se produire tel que :

A. des pertes considérables en vies humaines, effectives ou présumées, qu'il y ait ou non intention de génocide, attribuables soit à l'action délibérée de l'État, soit à la négligence de l'État ou à son incapacité à agir, soit encore à la défaillance de l'État ; ou

B. un « nettoyage ethnique » à grande échelle, effectif ou présumé, qu'il soit accompli par l'assassinat, l'expulsion forcée, la terreur ou le viol.

2. Les principes de précaution

A. *Bonne intention :* le but primordial de l'intervention, peu importe les autres motivations qui animent les États intervenants, doit être de faire cesser ou d'éviter des souffrances humaines. Pour satisfaire au mieux le principe de bonne intention, les opérations doivent avoir un caractère multilatéral et bénéficier du soutien manifeste de l'opinion publique de la région et des victimes concernées.

B. *Dernier recours :* une intervention militaire ne saurait être justifiée que lorsque chaque option non militaire de prévention ou de règlement pacifique de la crise a été explorée, étant entendu que l'on a des motifs raisonnables de penser que des mesures moins radicales n'auraient pas produit le résultat escompté.

C. *Proportionnalité des moyens :* par son ampleur, sa durée et son intensité, l'intervention militaire envisagée doit correspondre au minimum nécessaire pour atteindre l'objectif de protection humaine défini.

D. *Perspectives raisonnables :* l'intervention ne peut être justifiée que si elle a des chances raisonnables de faire cesser ou d'éviter les souffrances qui l'ont motivée, les conséquences de l'action ne devant pas être pires que celles de l'inaction.

3. Autorité appropriée

A. Il n'y a pas de meilleur organe, ni de mieux placé, que le Conseil de sécurité de l'Organisation des Nations unies pour autoriser une intervention militaire à des fins de protection humaine. Il ne s'agit donc pas de trouver des substituts au Conseil de sécurité en tant que source de l'autorité, mais de veiller à ce qu'il fonctionne mieux qu'il ne l'a fait jusqu'à présent.

B. L'autorisation du Conseil de sécurité doit être, dans tous les cas, sollicitée avant d'entreprendre toute action d'intervention militaire. [...]

C. Le Conseil de sécurité doit statuer sans retard sur toute demande d'autorisation d'intervenir en cas d'allégations de pertes en vies humaines ou de nettoyage ethnique à grande échelle. [...]

D. Les cinq membres permanents du Conseil de sécurité devraient s'entendre pour renoncer à exercer leur droit de veto, dans les décisions où leurs intérêts vitaux ne sont pas en jeu [...].

E. Si le Conseil de sécurité rejette une proposition d'intervention ou s'il ne donne pas suite à cette proposition dans un délai raisonnable, les autres options possibles sont les suivantes :
   I. l'Assemblée générale réunie en session extraordinaire d'urgence dans le cadre de la procédure officielle de « l'union pour le maintien de la paix » peut étudier le problème ; et
   II. des organisations régionales et sous-régionales, sous réserve de l'autorisation préalable du Conseil de sécurité, peuvent agir dans le cadre de leur compétence en vertu du chapitre 8 de la Charte.

F. Le Conseil de sécurité devrait, dans toutes ses délibérations, tenir compte du fait que s'il n'assume pas sa responsabilité de protéger face à une situation qui choque les consciences et appelle une intervention d'urgence, il serait irréaliste de s'attendre à ce que les États concernés renoncent à tout autre moyen de faire face à la gravité et à l'urgence de ladite situation, et que le prestige et la crédibilité de l'Organisation des Nations unies pourraient s'en trouver affectés.

Ce rapport propose des conditions claires pour l'intervention militaire, bien plus claires et plus acceptables que la doctrine Bush, mais les principes de l'action préventive — identifiée comme la dimension la plus importante de la responsabilité de protéger — exige des approfondissements.

LA PRÉVENTION DES CONFLITS

La prévention des conflits ne peut jamais commencer suffisamment tôt. Plus elle est précoce, moins elle est coûteuse et plus les risques d'effusion de sang peuvent être évités. Dans le cas de l'ex-Yougoslavie, au moment où Slobodan Milosevic supprima l'autonomie du Kosovo en 1990, ou, au plus tard, quand la marine yougoslave bombarda Dubrovnik un an après, des pressions exercées de l'extérieur sur le dictateur auraient pu épargner à la région la succession de tragédies qui l'accablèrent tout au long de la décennie suivante.

Les États baltes, en particulier la Lettonie et l'Estonie, constituent un exemple positif des possibilités de prévention des conflits. Ils furent intégrés de force à l'Union soviétique en 1940 et, sous le régime soviétique, une grande partie de la population locale fut déportée tandis que d'autres nationalités s'installaient. Quand les Baltes retrouvèrent leur indépendance en 1991, le désir était fort de refuser aux membres de ces autres nationalités leurs droits de citoyens. Mais les mauvais traitements infligés aux nombreux Russes vivant dans ces pays auraient pu fournir à Moscou un prétexte irrésistible pour intervenir. Tous les éléments pour un conflit armé étaient donc présents, mais l'Organisation pour la sécurité et la coopération en Europe (OSCE) et l'Union européenne exercèrent des pressions sur les États baltes pour qu'ils garantissent à ces minorités les droits et les protections légales dus à tout citoyen. Mes fondations destinées au développement de sociétés ouvertes se sont engagées de façon active dans ces actions, notamment dans l'enseignement des langues et dans le soutien à d'autres formes de réconciliation ethnique. Une crise potentielle fut désamorcée, et les pays baltes évitèrent le destin des Balkans.

Le problème de la prévention précoce des conflits est qu'une crise évitée n'intéresse pas les médias : qu'on en juge par l'intérêt qu'ont suscité les Balkans tandis que les pays baltes étaient plutôt oubliés. Aujourd'hui, les conditions doivent avoir atteint un seuil de détérioration avancée avant que les gouvernements ne décident de s'y intéresser. Ce stade est en général atteint quand des images télévisées épouvantables ont soulevé l'indignation de l'opinion publique, mais il est alors trop tard pour empêcher la situation de s'embraser. Et comme le nombre des situations dramatiques se multiplie, l'opinion réagit moins, ce qui permet aux crises de couver plus longtemps avant qu'une intervention extérieure ne soit envisagée. Il suffit, pour s'en convaincre, de penser à la lenteur de l'intervention américaine au Libéria.

Dans la mesure où il est difficile de prévoir à l'origine quel conflit ou quel différend se transformera en effusion de sang, la forme la plus efficace de prévention consiste à réduire les possibilités de développement des crises. Cela exige des réformes touchant le système tout entier. De telles réformes n'élimineront certes pas les conflits meurtriers, mais elles rendront leur éclatement moins probable.

Nous avons vu les iniquités du capitalisme mondialisé : disparités entre centre et périphérie, entre biens privés et biens publics et surtout entre bons et mauvais gouvernements. Comme le dit l'économiste Jeffrey Sachs, les deux principales sources de pauvreté et de souffrances dans le monde sont une mauvaise situation géographique et un mauvais gouvernement[1]. Par « mauvais gouvernement », j'entends les régimes répressifs, corrompus ou incapables ainsi que les États déstructurés ou en proie à des conflits internes. Si on est condamné à accepter sa situation géographique, on peut faire beaucoup de choses face à un mauvais gouvernement. Pour ma part, je pense que le moyen de prévention des conflits le plus efficace consiste à favoriser le développement de sociétés ouvertes partout dans le monde. C'est la principale orientation de mes fondations depuis la désintégration de l'empire soviétique ; on pourrait presque l'appeler la « doctrine Soros ». Et les États-Unis seraient bien avisés de remplacer la doctrine Bush d'action militaire préventive par une doctrine d'action préventive à caractère constructif.

LA DÉCLARATION DE VARSOVIE

En réalité, je n'ai pas le droit d'appeler le développement des sociétés ouvertes la « doctrine Soros ». La déclaration de Varsovie, document peu connu, a alimenté cette idée.

1. Jeffrey Sachs, « Institutions Matter, but not for Everything », IMF Finance and Development, Vol. 40, n° 2, juin 2003. On trouvera une analyse plus approfondie de la géographie, de la gouvernance et du développement dans « Geography and Economic development », de John Luke Gallup et Jeffrey D. Sachs avec Andrew D. Mellinger, in Annual World Bank Conference on Development Economics 1998 (avril), Boris Pleskovic et Joseph Stiglitz (sous la direction de), The World Bank, Washington D.C. Disponible sur http://www.earthinstitute.columbia.edu/about/director/pubs/sachs060203.pdf, http://www.earthinstitute.columbia.edu/about/director/pubs/paper39.pdf.

Elle affirmait qu'il est de l'intérêt de tous les pays démocratiques considérés comme un ensemble de favoriser le développement de la démocratie dans tous les autres pays [1].

Au cours d'une conférence tenue en 2000 à Varsovie et parrainée par Madeleine Albright, du département d'État américain, cent sept pays (un nombre supérieur au nombre des démocraties existant dans le monde), dont les États-Unis, ont signé cette déclaration. Pourtant, la déclaration de Varsovie est restée lettre morte et doit sa relative notoriété médiatique au fait que la France a refusé de la signer au motif qu'elle était proposée par les États-Unis.

La lutte pour la démocratie est intimement liée au développement économique, et ils sont tous deux en rapport avec la sécurité nationale. Il semble peut-être un peu tiré par les cheveux d'avancer qu'encourager les sociétés ouvertes permet de combattre le terrorisme, et pourtant, il y a tout lieu de le croire. Bien évidemment, nous avons l'obligation de nous protéger contre le terrorisme en augmentant notre vigilance, les mesures de protection et les services de renseignement, mais nous devons également nous attaquer aux racines du mécontentement. Les sociétés ouvertes, reconnaissons-le, ne sont pas immunisées contre le terrorisme — l'attentat d'Oklahoma City en est la preuve —, mais elles ne le sécrètent pas à un niveau comparable à celui des États voyous ou défaillants. La déclaration de Varsovie mérite plus d'attention qu'elle n'en a reçu, car elle définit les bases d'une intervention justifiable dans les affaires intérieures des États souverains. Deux

1. La déclaration de Varsovie et les documents y afférents sont disponibles sur www.demcoalition.org.

arguments militent en sa faveur. Le premier concerne les peuples dont la souveraineté est bafouée : ils ont besoin d'un soutien extérieur. Souvent, l'aide internationale est leur seule planche de salut. C'est là une idée qui ne manquera pas de combler les gens comme moi mais qui laissera relativement indifférents les gouvernements soucieux de leurs intérêts nationaux. L'autre argument, qui porte sur la sécurité et le bien-être des peuples vivant dans les sociétés ouvertes, devrait émouvoir tant les gouvernements que les citoyens. Le monde vit dans une interdépendance de plus en plus marquée. Ce qui se passe à l'intérieur d'un État — fût-il petit et apparemment isolé comme l'Afghanistan — peut se répercuter sur le reste du monde. C'était vrai avant le 11 septembre, mais c'est encore plus vrai aujourd'hui. Puisque les États déstructurés, les régimes répressifs, corrompus ou incapables et les conflits internes constituent un danger allant au-delà des frontières des pays concernés, il en va de l'intérêt collectif de toutes les sociétés démocratiques de favoriser le développement de sociétés ouvertes dans le monde entier.

Le terrorisme ne devrait pas être la seule ni même la principale raison pour nous occuper des maux affectant l'ordre mondial actuel. Le développement économique et le développement des sociétés ouvertes sont des objectifs dignes d'intérêt en soi, et nous sommes décidément tombés bien bas si nous avons besoin d'une poussée du terrorisme pour nous rappeler ce fait. Effectivement, le système capitaliste ne marche pas comme il faut : il fait trop confiance aux mécanismes de marché. Comme nous l'avons vu, les marchés montrent leur efficacité quand il s'agit de répartir des ressources entre besoins privés concurrents, mais ils ne sont pas capables de veiller aux besoins collectifs comme le maintien de la paix, la protection de l'environnement, la justice sociale ou même la préservation des mécanismes de marché eux-mêmes. Avant la mondialisation, les États nations étaient mieux à même de fournir des biens publics ; aujourd'hui, la coopération internationale est plus que jamais nécessaire. Les États-Unis ne peuvent pas être le gendarme de la planète ni son parrain : ils doivent travailler de concert avec les autres pays. Cela nous amène au deuxième grand problème non résolu de l'ordre mondial actuel : comment assurer qu'une intervention extérieure soit au service des intérêts collectifs dans un monde composé d'États souverains ?

LES NATIONS UNIES

De mon point de vue, *la responsabilité de protéger* attend trop de choses des Nations unies. (Cela n'a rien de surprenant puisque le rapport répondait expressément à un problème posé par le Secrétaire général.) En effet, comme l'ONU est une association d'États souverains guidés par ce qu'ils estiment être leur intérêt national, on ne peut pas trop faire confiance à cette institution pour assumer la responsabilité de protéger.

En matière de sécurité, les Nations unies sont l'entité internationale de prise de décisions la plus importante, mais c'est une institution très imparfaite. Elle a formulé de nobles aspirations qu'elle n'est pas toujours capable de réaliser. Celles-ci sont exprimées dans le préambule de la charte des Nations unies, laquelle ne lui confère toutefois ni les moyens ni le pouvoir de les traduire en actes. Le préambule a beau parler au nom de « Nous, peuples des Nations unies », la charte s'appuie néanmoins sur la souveraineté des États membres, et il est évident que les intérêts des États ne coïncident pas nécessairement avec ceux des peuples qui y vivent. Nombre de pays ne sont pas démocratiques et beaucoup de leurs habitants n'ont pas le statut de citoyen. Par conséquent, les Nations unies ne peuvent faire que ce que ses États membres veulent bien lui donner l'autorisation et les moyens de faire. C'est une institution utile, qui pourrait l'être encore davantage, mais si on la juge à l'aune des objectifs que lui fixe son préambule, elle ne manquera pas de décevoir. Il faudrait donc revoir à la baisse les grands espoirs mis dans les Nations unis pour tenir compte des limites inhérentes à sa charte.

L'élément le plus puissant des Nations unies est le Conseil de sécurité, qui a le droit de passer outre la souveraineté des États membres. Ses cinq membres permanents disposent d'un droit de veto ; quand ils tombent d'accord et qu'ils ont obtenu le soutien de la majorité requise du Conseil, ils peuvent imposer leur volonté au reste du monde. En théorie, cela fait du Conseil de sécurité l'institution la plus puissante de la planète. Ses décisions ont force de loi, bien qu'il soit souvent dépourvu des moyens de les appliquer. Dans la pratique, cependant, les cinq membres permanents sont rarement capables de parvenir à un consensus sur les questions les plus importantes.

Cette faiblesse remonte aux premiers jours des Nations unies. En effet, dès la naissance de cette organisation, la guerre froide a rendu impossible l'unanimité des membres permanents. Après l'effondrement de l'Union soviétique, il y a eu un moment de flottement et le Conseil de sécurité aurait pu fonctionner tel que cela était prévu à l'origine, mais les puissances occidentales ne se montrèrent pas à la hauteur de la situation. Pendant la crise bosniaque, elles ne parvinrent pas à se mettre d'accord, alors que, pendant la crise du Rwanda, elles se cantonnèrent dans une passivité totale. Plus récemment, les partisans de la suprématie américaine ont commencé à manifester une aversion pour le Conseil de sécurité, coupable à leurs yeux de reconnaître les mêmes droits à tous ses membres permanents.

On pourrait sans doute moderniser le Conseil de sécurité en révisant les modalités d'appartenance et de droit de vote, mais cette réforme est peu probable car elle exigerait le consentement de tous les pays concernés. Pourquoi la France disposerait-elle du mêmes droit de veto que les États-Unis ? Pourquoi la France renoncerait-elle à son siège au Conseil de Sécurité ? Les innombrables propositions faites en vue de réformer les Nations unies ont toutes échoué à cause du refus des États souverains de sacrifier leurs intérêts nationaux au nom de l'intérêt collectif.

Le Conseil de sécurité est très différent du reste de l'organisation. Il peut, en théorie, passer outre la souveraineté de tous les États à l'exception de ceux qui ont le droit de veto, alors que les autres structures de l'ONU sont subordonnées aux États membres et ont besoin de leur accord pour toute action. D'où le fonctionnement inefficace, lourd et coûteux de l'organisation. L'Assemblée générale n'est que parlottes et les différentes agences sont entravées par l'obligation d'accéder aux demandes des États membres. Les agences constituent également un réservoir de postes de faveur destinés aux diplomates surnuméraires et aux hommes politiques déchus.

Les Nations unies pâtissent depuis quelque temps de l'attitude négative de son adhérent le plus grand et le plus puissant. Au cours des années 1990, les États-Unis ont suspendu le paiement de leurs cotisations pendant plusieurs années et ont généralement cherché à contourner ou à délégitimer l'organisation. Depuis le 11 septembre, ils affichent clairement leur volonté d'agir sans en référer à l'ONU. On conviendra que l'organisation a ses limites, mais elle fonctionnerait certainement mieux si elle bénéficiait du soutien des États-Unis. L'administration Bush taxe les Nations unies d'inefficacité, mais son comportement contribue à rendre l'organisation inefficace : cas classique de prophétie autoréalisatrice.

DU MULTILATÉRALISME

Si je défends une démarche multilatérale, je ne prétends pas pour autant que les États-Unis devraient, en toutes circonstances, passer par l'ONU. À cause des imperfections de l'organisation et de sa rigidité face aux tentatives de réforme, il est indéniablement des cas où il convient de s'en affranchir. Les États-Unis étaient fondés, me semble-t-il, à intervenir au Kosovo sans l'autorisation de l'ONU et ils auraient mieux fait de se fier à l'OTAN qu'à celle-ci face au drame de la Bosnie. Mais des actions unilatérales qui vont à l'encontre de l'opinion publique internationale sont injustifiables, et elles peuvent même braquer le monde contre les États-Unis et mettre ainsi en danger leur sécurité nationale. C'est le résultat qu'a obtenu l'administration Bush par son unilatéralisme forcené. Les États-Unis ont besoin de doter leurs actions d'une grande légitimité. Avant d'envisager la guerre en Irak, ils auraient dû s'assurer d'un large soutien, en formant une coalition non seulement avec l'Europe, mais aussi avec un éventail de pays moins développés, dont certains pays islamiques.

LA COMMUNAUTÉ DES DÉMOCRATIES

La Communauté des démocraties établie par la Déclaration de Varsovie de 2000 pourrait fournir une source de légitimité pour s'ingérer dans les affaires intérieures des pays non démocratiques, en particulier si l'ingérence assume une forme constructive. Pour l'heure, cette communauté est une coquille vide. Elle ne se réunit que tous le deux ans, et ses réunions — la prochaine doit se dérouler en mars 2005, à Santiago du Chili — sont l'occasion de bavardages sans fin qui ne débouchent que sur un communiqué auquel personne ne fait attention. Mais cela n'est pas une fatalité.

Les États-Unis, en coopération avec d'autres démocraties, pourraient conférer une certaine substance à la déclaration de Varsovie. Après tout, la réaffirmation des droits de l'homme, exprimée dans le « troisième panier » des accords d'Helsinki de 1975, semblait elle aussi parfaitement creuse : sinon, l'Union soviétique ne l'aurait jamais signé. Mais ces accords n'en ont pas moins servi de fondement légal au comité d'Helsinki mis sur pied par Andreï Sakharov et ses confrères à Moscou, et qui a inspiré à son tour la formation du Helsinki Watch à New York et a donné naissance à un puissant mouvement des droits de l'homme. La déclaration de Varsovie recèle le même potentiel.

Si la Communauté des démocraties s'animait réellement, elle prendrait peut-être une forme plus structurée. Même aujourd'hui, alors que l'existence de cette institution n'attire guère l'attention au-delà des ministères des affaires étrangères, l'idée de s'en voir exclu laisse peu de pays indifférents. Mais s'il y avait en outre de vrais avantages à faire partie de la Communauté, l'exclusion deviendrait un outil permettant d'imposer des normes de conduite.

La Communauté des démocraties pourrait, par exemple, acquérir une certaine influence au sein des Nations unies en formant un groupe ou un bloc. À l'heure actuelle, on alterne sur une base géographique la participation aux différentes commissions de l'organisation. Mais même si cette disposition perdurait, les membres du bloc pourraient s'engager à ne voter que les uns pour les autres, excluant ainsi les pays non démocratiques. Dès lors, la Syrie n'aurait plus aucune chance de siéger au Conseil de sécurité, pas plus que la Libye ne présiderait la Commission des droits de l'homme. Contrairement à d'autres tentatives de réforme, cette innovation est réalisable : l'adhésion à un groupe est volontaire et les autres pays membres n'ont aucun moyen d'empêcher la formation de groupes à l'assemblée. L'existence d'un bloc influent de pays démocratiques changerait le caractère des Nations unies. Les régimes répressifs seraient exclus des instances de décision, tandis que les États déstructurés pourraient être mis sous la protection de l'ONU. Le casse-tête actuel du recours aux Nations unies pour s'ingérer dans les affaires intérieures des États souverains trouverait là un début de solution.

On pourrait agir de la même manière dans les différentes organisations de sécurité régionale telles que l'Organisation pour la sécurité et la coopération en Europe (OSCE) ou l'Organisation des États américains (OEA). Ces structures jouent déjà un grand rôle dans la résolution des conflits locaux et régionaux, mais leur caractère et leur efficacité varient considérablement. L'OSCE, peut-être parce qu'elle fut constituée au moment de la désintégration de l'empire soviétique, a une définition étonnamment large de la sécurité, très proche de l'esprit défendu dans cet ouvrage, mais son fonctionnement est entravé par le fait qu'elle demeure une association d'États souverains. Elle pourrait devenir plus efficace si les États démocratiques se décidaient à coopérer de façon plus étroite. L'OEA a elle aussi été à même d'exercer une influence positive. Elle a réussi à mettre en œuvre un changement de régime démocratique au Pérou au moment où Alberto Fujimori s'est enfui du pays et elle est parvenue à contenir la crise au Venezuela lors du coup d'État manqué visant à renverser Hugo Chavez. L'Association des nations du Sud-Est asiatique (ASEAN) a, quant à elle, une portée moins politique. Elle refuse formellement de s'intéresser aux affaires intérieures de ses membres, mais cette absence d'engagement politique pourrait changer. L'Union africaine, constituée récemment, pose un problème particulièrement grave dans la mesure où le président de la Libye, M. Kadhafi, est l'un de ses principaux artisans. L'Afrique est actuellement le théâtre d'une sourde lutte d'influence entre la Libye et l'Occident qui constitue une source majeure d'instabilité dans la région. Malheureusement, le président libyen est prêt à consacrer beaucoup plus d'argent à des fins politiques et militaires que ses rivaux occidentaux.

On voit mal comment l'état actuel des choses pourrait évoluer sans changement de mentalité — et de président — aux États-Unis. L'Occident suscite une grande méfiance dans le monde, surtout en Afrique, au Moyen-Orient et dans certaines parties d'Asie, du fait du passé colonial de ces régions. Ce climat de rancune est le terreau sur lequel prospère le terrorisme et d'autres manifestations d'animosité envers l'Occident, l'Amérique et la mondialisation. Il fournit également un alibi à des tyrans locaux comme Robert Mugabe au Zimbabwe ou Islam Karimov en Ouzbékistan. De toute évidence, ce problème ne peut se régler par les armes. Sa résolution exige la reconstruction de la confiance et une coopération authentique. Les États-Unis devront consentir un effort extraordinaire s'ils veulent regagner la confiance et l'allégeance du monde.

Pour le moment, il serait inopportun pour l'Amérique d'essayer de prendre la direction de la Communauté des démocraties : l'idée se heurterait tout simplement à trop de résistances. Les États-Unis, sous un autre président, pourraient faire preuve d'un changement d'état d'esprit en encourageant la formation d'une communauté de démocraties en développement à laquelle eux-mêmes et les membres de l'Union européenne n'appartiendraient pas. Cette nouvelle structure finirait peut-être par remplacer le G77, qui fonctionne actuellement comme un bloc au sein des Nations unies. Agissant en accord avec les États-Unis et l'Europe, la communauté des démocraties en développement constituerait la majorité gouvernante de l'ONU, sans nécessairement s'aligner en toutes circonstances sur les démocraties occidentales.

La réunion de l'Organisation mondiale du commerce (OMC) tenue à Cancun en septembre 2003 a vu la formation d'une alliance entre vingt et un pays en développement sur la question de la protection de l'agriculture. L'opposition entre monde développé et monde en développement a eu pour conséquence l'arrêt du cycle de négociations de Doha sur le commerce. Or il est à craindre que cela n'annonce le début de la fin de la mondialisation : des accords bilatéraux risquent de supplanter les accords multilatéraux. Pourtant, l'OMC mérite d'être sauvegardée, mais, dans les négociations futures, il faudrait que tous les participants se trouvent sur un pied d'égalité, alors que jusqu'ici les pays industrialisés se sont montrés condescendants envers les pays en développement. Ainsi, les chefs d'État du G8 invitent quelques homologues des pays en développement à assister à une partie seulement de leurs réunions. Il serait souhaitable que les pays en développement organisent leur propre sommet. Il pourrait, par exemple, y avoir un « D6 » comprenant six pays en développement — le Brésil, le Mexique, l'Inde, l'Indonésie, le Nigeria et l'Afrique du Sud — qui rencontrerait le G8 sur un pied d'égalité. Ce serait un premier pas vers la réduction de l'inégalité entre le centre et la périphérie et vers l'établissement d'un ordre mondial plus équilibré.

VERS UNE AUTRE POLITIQUE ÉTRANGÈRE

Un changement de politique étrangère aux États-Unis ne se limiterait pas à substituer le multilatéralisme à l'unilatéralisme. Il impliquerait une remise en cause radicale des priorités du pays. Au lieu de consacrer l'essentiel du budget de la Défense à la mise en œuvre de la doctrine Bush, l'Amérique s'engagerait dans des actions préventives de nature constructive. Une telle politique demanderait des dépenses incomparablement plus faibles et laisserait de la marge pour une hausse des dépenses intérieures, y compris dans le cadre d'un budget équilibré. Après tout, il serait inacceptable d'augmenter l'aide extérieure sans envisager une amélioration des prestations sociales destinées à la population américaine.

Tout cela doit faire l'objet d'une stratégie à long terme. Dans l'immédiat, les États-Unis sont enlisés en Irak et ne feraient qu'aggraver leur erreur de départ s'ils s'en retiraient aujourd'hui. Il serait également mal venu d'équilibrer le budget en période de pertes d'emplois. Pourtant, un président capable d'énoncer une vision constructive du rôle de l'Amérique dans le monde serait en meilleure posture pour sortir d'Irak que celui qui l'y a conduit.

Des actions constructives capables de modifier l'image de marque des États-Unis ne seraient pas si coûteuses que cela. Les Nations unies estiment à 50 milliards de dollars le coût annuel de la réalisation des Objectifs du millénaire pour le développement. J'ai plaidé en faveur d'une émission annuelle de droits de tirage spéciaux (DTS) dont les pays riches affecteraient leur part à l'aide internationale. Les DTS sont des actifs de réserve émis par le Fonds monétaire international pour ses membres et convertibles dans d'autres devises. Les pays les moins développés ajouteraient leurs DTS à leurs réserves monétaires et les plus riches (ainsi qu'ils sont définis dans le programme de transactions du FMI) feraient don des leurs en fonction de certaines règles. Cela serait bénéfique pour les pays les moins développés, à la fois directement, car leurs réserves monétaires s'en trouveraient renforcées, et indirectement, car des biens publics deviendraient disponibles à l'échelle planétaire. Le coût annuel pour les États-Unis, soit 8,75 milliards de dollars, serait équivalent au dixième seulement de la rallonge budgétaire affectée à l'Irak pour l'exercice de 2003. Une telle initiative devrait fortement contribuer à désamorcer les réactions anti-américaines et anti-occidentales de par le monde. En outre, elle améliorerait considérablement la capacité des États-Unis à se défendre contre le terrorisme et à se retirer d'Irak.

8

L'AIDE INTERNATIONALE

VOILÀ plus de trente ans que la commission Pearson recommandait, avec l'aval des Nations unies, que les pays donateurs consacrent 0,7 % de leur produit intérieur brut (PIB) à l'aide publique au développement. Or cinq pays seulement atteignent ou dépassent cet objectif[1]. En 2001, les États-Unis se sont contentés de donner 0,1 % de leur PIB, et, pour l'ensemble des pays développés, l'aide publique au développement n'était que de 0,24 % du PIB. L'ONU réclame une dépense supplémentaire de 50 milliards de dollars par an pour permettre d'atteindre les Objectifs du millénaire pour le développement. Pour sa part, l'administration Bush refuse catégoriquement le moindre chiffrage des objectifs. C'est en fonction des résultats, fait-elle valoir, qu'il faut évaluer l'aide, et non en fonction des sommes engagées.

Le contraste est frappant entre cette attitude et la politique des États-Unis au sortir de la Seconde Guerre mondiale, quand ils ont lancé le plan Marshall, avec un succès indiscutable. Ce programme d'aide a permis la reprise des économies d'Europe occidentale et favorisé la coopération politique. Par ailleurs, il a contribué à la naissance d'une

1. Les cinq pays qui dépassent l'objectif fixé par l'ONU sont le Danemark, la Norvège, les Pays-Bas, la Suède et le Luxembourg.

Allemagne démocratique et engendré une alliance forte et durable entre celle-ci et l'Amérique que seule l'arrivée de George W. Bush à la Maison-Blanche a réussi à troubler. Le plan Marshall était au fond le précurseur de l'Union européenne. En été 1988, lors d'une réunion à Potsdam, ville alors en Allemagne de l'Est, j'ai proposé un nouveau plan Marshall pour aider l'Union soviétique : mes propos ont littéralement fait rire l'assistance[1]. L'ambiance, on le voit, avait radicalement changé depuis 1947.

LES FAIBLESSES DE L'AIDE PUBLIQUE AU DÉVELOPPEMENT

L'aide publique au développement a très mauvaise presse de nos jours, car elle est jugée inefficace et même souvent contre-productive. Cette condamnation est d'ailleurs en résonance avec l'idéologie de l'intégrisme des marchés actuellement très en vogue. Malheureusement, elle n'est pas sans fondement.

Dans mon *Guide critique de la mondialisation,* je distingue cinq grandes faiblesses dans le système actuel d'aide au développement :

– Premièrement, l'aide au développement sert trop souvent les intérêts des donateurs plutôt que ceux des bénéficiaires. La décision de l'accorder découle fréquemment de considérations de sécurité nationale liée à une analyse géopolitique, alors que le niveau de pauvreté ou le caractère du gouvernement destinataire n'entre guère

1. Voir l'article « Westeuropa muss Gorbatschows Umgestaltung finanziell unterstützen », *Frankfurter Allgemeine Zeitung,* 11 juin 1988.

en ligne de compte. L'histoire de l'aide à l'Afrique pendant la Guerre froide nous en livre quelques exemples particulièrement flagrants. De même, après la chute du mur de Berlin, le gouvernement oucst-allemand, désireux d'obtenir la réunification du pays, a donné des sommes importantes d'argent à l'Union soviétique, sans trop faire attention à la manière dont elles étaient dépensées. Par la suite, l'Ukraine est devenue à son tour un pensionné géopolitique de l'Ouest. Les mauvais gouvernements sont pourtant la principale source de pauvreté, et les donateurs feraient mieux de s'intéresser de près aux conditions politiques des pays qu'ils soutiennent.

– Une deuxième faiblesse en rapport avec la première est que les bénéficiaires ont rarement la maîtrise des projets de développement, conçus et mis en œuvre par des acteurs extérieurs. Ainsi, quand les experts repartent, il ne reste plus grand-chose. Les programmes importés — et donc non autochtones — ont généralement du mal à prendre racine[1]. Les pays donateurs font le plus souvent transiter l'aide au développement par leurs propres

1. Paul Collier et David Dollar, *Can the World Cut Poverty in Half? How Policy Reform and Effective Aid Can Meet the International Development Goals,* World Bank Reporting Paper 2403, 21 juillet 2003, disponible sur http://econ.worldbank.org/docs/1158.pdf. Les auteurs affirment sans ménagement qu'« il ressort des recherches réalisées que l'influence des donateurs (ou en tout cas leur influence positive) sur les orientations politiques est négligeable ». De nombreux travaux d'évaluation de l'aide multilatérale et de l'efficacité de la conditionnalité des financements s'accordent sur l'idée que plus les acteurs locaux sont maîtres des réformes lancées, plus elles ont des chances de réussir. Un papier du FMI préparé pour une série de séminaires sur la conditionnalité tire cette conclusion : « Une orientation politique n'aura des chances d'être appliquée dans la durée que si les autorités se l'approprient pleinement et que si elle bénéficie d'un soutien suffisamment large dans le pays. » voir IMF, Department of Policy Development and Review, « Conditionality in Fund-Supported Programs : Overview », 20 février 2001, paragraphe 14.

ressortissants, qui agissent également en groupe de pression en faveur de cette aide. Même les institutions internationales préfèrent expédier des spécialistes étrangers plutôt que de développer les compétences locales. Ces derniers n'ont de comptes à rendre qu'à ceux qui les rémunèrent. Aucune instance, à l'exception de mon réseau de fondations et, plus récemment, du Programme des Nations unies pour le développement (PNUD), n'accepte de payer le salaire d'experts qui seraient responsables de leur travail devant les pays bénéficiaires. C'est pourquoi la capacité à assimiler les aides accordées fait souvent défaut à ces pays.

- Troisièmement, l'aide au développement relève généralement des relations entre gouvernements. Les gouvernements destinataires fonctionnent souvent comme des « portiers » qui détournent les sommes reçues à leurs propres fins. Dans certains cas, l'aide devient le principal appui d'un gouvernement par ailleurs impopulaire.
- Quatrièmement, les donateurs tiennent à conserver à titre national le contrôle de l'aide qu'ils fournissent, ce qui explique la faible coordination entre eux. En outre, quand les pays donateurs se font concurrence dans ce domaine, les gouvernements bénéficiaires parviennent plus facilement à détourner les fonds donnés. C'était le cas en Bosnie, où l'aide internationale a été en grande partie gaspillée et utilisée pour renforcer des baronnies locales.
- Enfin, il est rarement reconnu que l'aide internationale est une opération à haut risque. Il est beaucoup plus difficile de faire le bien que de diriger une entreprise commerciale, car il n'existe pas de critère unique permet-

tant d'évaluer les retombées sociales d'un programme d'aide, alors qu'il suffit de regarder le compte d'exploitation d'une entreprise pour savoir si elle dégage un bénéfice ou non. L'aide internationale est gérée par des bureaucrates qui ont tout à perdre et peu à gagner dans une prise de risques. Il ne faut pas s'étonner dès lors de la médiocrité des performances obtenues, surtout quand on les juge à la même aune que d'autres activités bureaucratiques et sans tenir compte de la difficulté de la tâche.

Il est donc remarquable que l'aide publique au développement ait produit des résultats positifs dans quelques pays en transition, en contribuant notamment à la bonne marche des banques centrales, de la justice ou des marchés financiers. De nombreux exemples montrent qu'elle peut être précieuse en dépit de ses insuffisances. D'ailleurs, la réputation des États-Unis dans ce domaine est bien pire que la réalité. La plupart des Américains croient que leur pays consacre une part plus importante du PNB à l'aide au développement qu'il ne le fait véritablement et que l'argent donné est en grande partie gaspillé. Dans des pays comme le Canada, la Suède, les Pays-Bas ou le Royaume-Uni, qui se montrent proportionnellement plus généreux, l'aide publique au développement a une meilleure image de marque.

On pourrait cependant vaincre les faiblesses identifiées si seulement on était capable de mobiliser la volonté politique nécessaire. Mes fondations ont réussi, pour la plupart, à éviter ces écueils, car elles ont à leur tête des ressortissants des pays bénéficiaires, des femmes et des hommes acquis à l'idée de la société ouverte et résolus à agir dans l'intérêt de leur pays. Les fondations ont démontré toute l'efficacité d'une aide au développement guidée par les besoins des bénéficiaires et non pas par ceux des donateurs. Un jour, un haut fonctionnaire d'un pays bénéficiaire m'a qualifié d'« homme d'État sans État », et j'en tire une grande fierté. « Les États, m'a-t-il dit en faisant écho à la formulation de Kissinger, ont des intérêts mais pas de principes. Vous, vous avez des principes mais pas d'intérêts[1]. » Depuis lors, cette idée me sert de source d'inspiration.

MON EXPÉRIENCE PERSONNELLE

Le lecteur qui ne me connaît que comme spéculateur financier s'étonnera peut-être d'apprendre que je suis très investi dans l'aide aux pays en difficulté et que ma méthode consiste à déléguer le pouvoir à des collaborateurs locaux. C'est une activité à laquelle je me livre depuis plus de dix-huit ans. En 1984, j'ai mis sur pied la première fondation nationale en Hongrie communiste, et elle fut suivie de fondations nationales et d'initiatives régionales ou mondiales dans quelque trente-deux pays. Ces structures fonctionnent à une échelle assez grande et, au cours des dix dernières années, le total de leurs budgets s'est élevé en moyenne à 450 millions de dollars par an. Ayant donc dépensé près de 5 milliards de dollars au fil des ans, j'ai acquis une grande expérience des embûches dont est jonché le chemin de l'aide au développement, mais je peux aussi témoigner de quelques réussites mémorables.

1. Branko Crvenkoski, premier ministre de Macédoine, est la personne qui m'a fait ce compliment.

En Hongrie communiste, ma fondation est devenue la principale source de soutien à la société civile. Elle ne saurait s'attribuer le mérite d'avoir fait tomber le régime, puisque c'est l'Union soviétique qui a donné la principale impulsion, mais elle a bien contribué à préparer le pays pour la démocratie. Ma fondation en Russie a, quant à elle, apporté des fonds dont la population a pu directement bénéficier. De toutes nos actions, la plus fructueuse a été d'aider environ 35 000 scientifiques de premier plan à survivre dans une période d'hyperinflation. Mes fondations ont par ailleurs joué un rôle dans la transition à la démocratie en Slovaquie (1998), en Croatie (1999) et en Yougoslavie (2000), en mobilisant la société civile pour qu'elle se débarrasse respectivement de Vladimir Meciar, Franjo Tudjman et Slobodan Milosevic. Ce ne sont là que quelques faits marquants de notre action. Comment faciliter le passage d'une société fermée à une société ouverte dans une situation où il faut tout changer en même temps ? Tel est le défi que mes fondations ont dû relever. Elles l'ont fait en soutenant une myriade d'initiatives dont aucune n'était spectaculaire en soi mais qui, toutes réunies, ont fini par jeter les bases d'une société véritablement ouverte.

Le rôle joué par les fondations dépendait fortement de la nature du gouvernement en place dans les pays où elles étaient implantées. Là où la collaboration avec celui-ci était possible, elles sont allées très loin dans le sens de la transformation du système. L'une des contributions les plus précieuses qu'elles aient pu apporter consistait à renforcer la capacité des gouvernements démocratiques nouvellement installés à absorber l'aide au développement, en leur permettant d'engager des spécialistes de leur choix (et, de préférence, de leur nationalité). Des experts envoyés par des organisations internationales ont envahi à l'époque ces pays en transition, mais ils servaient avant tout leurs patrons, et les nouveaux gouvernements se sont trouvés en position de faiblesse face à eux. Dans les cas où le gouvernement s'opposait à l'action de la fondation, celle-ci a pu jouer un rôle plus important encore : elle entretenait la flamme de la liberté et l'idéal de la société ouverte.

Outre leur structure nationale, mes fondations ont mis sur pied un certain nombre de programmes transversaux qui portent sur des thèmes précis comme l'école, les médias, la santé, l'information, la culture, la justice, le développement des PME et ainsi de suite. Ces programmes fonctionnent dans le cadre des fondations nationales, mais celles-ci sont libres d'y participer ou non ; si elles décident de le faire, elles acceptent de prendre le programme pleinement en charge[1]. L'interaction entre fondations nationales et programmes communs à l'ensemble du réseau crée une matrice associant connaissances locales et compétences spécialisées. Dans ce système ouvert, les fondations nationales sont autorisées à fonctionner en dehors du cadre des programmes du réseau : c'est généralement ce qu'elles font dans leurs efforts en faveur de la culture et de la société civile. Les programmes du réseau peuvent par ailleurs travailler avec des structures locales autres que les fondations : c'est souvent le cas quand il s'agit de soutenir les droits de l'homme ou l'indépendance des médias.

1. Environ 85 % du budget de mes fondations est dépensé dans les pays bénéficiaires. À titre de comparaison, c'est le cas de 44 % seulement des sommes prêtées par l'Association internationale de développement (AID) et la Banque mondiale depuis leur création.

Il ne conviendrait pas, bien entendu, d'appliquer à une structure à vocation publique les méthodes et les critères propres à une organisation de caractère privé comme la mienne. Mais je n'en persiste pas moins à penser que ces expériences d'aide étrangère ont une grande pertinence pour les orientations que la communauté internationale devrait adopter. Je défends avec constance ce point de vue depuis la mise en place de mon réseau. Pendant les premières années, mes tentatives pour influencer les décisions politiques n'ont guère été couronnées de succès. Les initiatives successives que j'ai proposées sont toutes restées sans écho. En 1992, par exemple, j'ai incité le FMI à affecter au versement des allocations chômage et des prestations sociales le crédit de 10 milliards de dollars qu'il allait accorder à la Russie. Cette même somme, donnée en l'occurrence au gouvernement russe pour l'aider à équilibrer sa balance des paiements et son budget, aurait également pu servir à financer un filet de protection sociale[1]. Dans ce cas, elle aurait été largement distribuée au lieu de se volatiliser et la population russe aurait vu des signes concrets de l'aide internationale.

Pour montrer justement la possibilité de fournir un filet de protection sociale, j'ai lancé un « programme de premier secours » pour les scientifiques soviétiques. Et si ma proposition au FMI n'a pas été prise au sérieux, ma Fondation internationale pour la science a remporté un succès spectaculaire. Elle a sélectionné, sur la base de critères d'excellence parfaitement transparents, quelque 35 000 scientifiques de premier plan dans l'ancienne Union soviétique et leur a

1. George Soros, « A Cold-Cash Winter Proposal for Russia », *Wall Street Journal*, 11 novembre 1992.

donné 500 dollars chacun, montant suffisant pour tenir un an dans des conditions d'hyperinflation. C'est peut-être le seul cas connu où l'aide étrangère aura réellement fini dans les mains de ses bénéficiaires. Cette expérience a démontré à une échelle modeste ce qui pourrait être réalisé à plus grande échelle. Imaginons ce qui se serait passé si tous les retraités de l'ex-URSS avaient touché leur pension et que les chômeurs avaient été indemnisés : le développement politique, social et économique de la Russie et des autres États successeurs aux régimes communistes aurait sûrement pris une tout autre voie.

Mes fondations ont fini par asseoir leur réputation d'efficacité, et notre méthode a fait des émules dans d'autres institutions. Notre influence sur les décideurs politiques se renforce progressivement. En 2002, mes fondations ont lancé, en collaboration avec d'autres organisations non gouvernementales (ONG), la campagne « Publish What You Pay » (Publiez ce que vous payez). Celle-ci, qui a pour but d'obliger les sociétés minières et pétrolières à divulguer le montant de leurs versements aux pays en développement, a poussé le gouvernement britannique à mettre sur pied son « Extractive Industries Transparency Initiative » (Initiative de transparence des industries extractives). Nous avons également eu un impact sur les dépenses américaines consacrées au Sida et au Fonds du millénaire. Par ailleurs, nous sommes investis dans toute une série d'initiatives sur des questions précises de politique générale dans les Balkans, dans le Caucase, en Moldavie, en Asie centrale, en Afrique de l'Ouest et en Afrique australe. Et avec l'aide de la Banque mondiale, nous avons réussi à mobiliser neuf pays d'Europe de l'Est et l'Union européenne pour préparer la « décennie d'intégration des Roms » (gitans), qui doit s'étendre de 2005 à 2015. Ceux-ci constituent la couche défavorisée la plus importante dans les pays de l'Est.

J'ai pourtant du mal à élaborer, à partir de l'expérience de mes fondations, des conclusions générales quant aux moyens d'améliorer les systèmes d'aide internationale, car mon réseau n'est pas né d'un dessein conscient. Il s'est développé au hasard, au gré des occasions qui se présentaient. Ainsi, dans les années 1987-1992, période révolutionnaire pour l'ancien empire soviétique, je me suis retrouvé dans une position exceptionnelle : je comprenais assez bien les processus révolutionnaires en général, j'avais un fort attachement au concept de société ouverte et je disposais de ressources financières importantes. Bien d'autres avaient certes un ou deux de ces attributs à leur actif, mais j'étais le seul à les réunir tous les trois. Pas question dès lors de laisser passer cette occasion unique : j'ai mis toute mon énergie dans les fondations. Les sommes que j'y consacrais annuellement sont donc passées de 3 millions de dollars en 1987 à plus de 300 millions en 1992. Or, cela n'aurait pas pu se faire de façon ordonnée. Nous n'avions ni plan d'affaires ni critères de performance ; pendant les premières années d'ailleurs, nous n'avons même pas cherché à établir un budget. Ce n'est que par la suite que nous avons essayé d'introduire un peu d'ordre dans ce chaos.

UNE NOUVELLE CONCEPTION DE L'AIDE

On a beaucoup étudié dernièrement les moyens de rendre plus performante l'aide publique au développement. On insiste désormais sur la prise en charge des programmes par les acteurs locaux, le besoin d'objectifs précis, l'importance de la responsabilité et la nécessité de résultats chiffrés. Sur la base de mon expérience, je ne peux que souscrire à cette nouvelle conception, mais j'estime qu'elle doit être appliquée encore plus énergiquement. J'aimerais voir une plus grande volonté de prendre des risques, même si je me rends compte qu'une structure à fonds publics ne peut se permettre autant d'audace qu'une organisation privée. Il faut en tout cas faire beaucoup plus pour améliorer la coordination de l'aide internationale.

L'aide publique au développement est un outil politique. On peut l'utiliser pour renforcer les régimes qui avancent dans le bon sens ou la refuser pour dissuader ou punir ceux qui ne respectent pas certaines normes. À l'heure actuelle, l'aide au développement sert avant tout les intérêts des pays donateurs, alors qu'elle devrait être déployée dans celui des populations des pays bénéficiaires, intérêt qui n'est pas identique à celui de leurs dirigeants. C'est presque trop demander, et pourtant, c'est le principe qui sous-tend la déclaration de Varsovie : il est dans l'intérêt collectif de tous les pays démocratiques de favoriser la démocratie partout ailleurs. La mise en pratique de ce principe pose évidemment tous les problèmes bien connus de la coopération et du risque que certains profitent en *free riders* (passagers clandestins) de l'engagement des autres[1].

1. Voir Robert Axelrod, *The Complexity of Cooperation : Agent-Based Models of Competition and Collaboration*, Princeton, Princeton Studies in Complexity, Princeton University Press, 1997 ; Robert Axelrod, *Comment réussir dans un monde d'égoïstes*, Paris, Odile Jacob, 1996 ; Anatol Rapoport et Albert M. Chammah, avec Carol J. Orwant, Prisoners' Dilemma : A Study in Conflict and Cooperation, Ann Arbor, University of Michigan Press, 1965 ; et Mancur Olson, Jr., *Logique de l'action collective*, Paris, PUF, 1978.

Pour l'heure, la coopération s'exprime concrètement par des réunions de donateurs au cours desquelles tous ces problèmes se manifestent sous une forme exacerbée. J'aimerais pour ma part les voir supplantées par des groupes de travail par pays qui auraient chacun à élaborer des stratégies adaptées au pays en question et auxquelles les agences donatrices seraient tenues de se conformer. Comme je l'ai déjà évoqué, j'avais préconisé une mission de ce type pour l'Afghanistan[1]. Je suis sûr que les résultats auraient été préférables aux événements qu'a vécus ce pays. Mais ma proposition, cela va sans dire, n'est pas réaliste… tant que George W. Bush et son équipe restent au pouvoir.

LE FONDS DU MILLÉNAIRE

Le bilan de l'administration Bush n'est pas pour autant uniformément négatif. Poussé par le chanteur Bono, le président s'est clairement investi dans la lutte contre le sida, pour laquelle il a promis de dégager 15 milliards de dollars sur une période de cinq ans. Si Bono est parvenu à toucher à ce point l'électorat central de l'administration, c'est parce qu'il a su citer la Bible mieux que le sénateur Jessie Helms[2]. M. Bush s'est même engagé à verser 1 milliard de dollars au Fonds mondial de lutte contre les maladies infectieuses, à condition que le reste du monde en apporte le double, exigence somme toute raisonnable. Malheureusement, on voit mal comment cet engagement

1. George Soros, « Assembling Afghanistan », *op cit.*
2. Sénateur pro-tabac et notoirement anti-homosexuel, également président de la commission des Affaires étrangères, Jessie Helms incarne la droite chrétienne fondamentaliste. *(NdT)*

pourrait se traduire en actes, vu que l'administration a besoin de cet argent en Irak. Elle propose en effet de limiter sa dotation pour l'exercice 2004 à 200 millions de dollars.

Le Fonds du millénaire est une autre initiative encourageante. En mars 2002, les Nations unies ont organisé une Conférence internationale sur le financement du développement à Monterrey, au Mexique, et, comme le président Bush devait y assister, il ne pouvait y aller les mains vides. Il a donc annoncé auparavant la création d'un « Millenium Challenge Account » ainsi que son engagement à y verser 5 milliards de dollars sur une période de trois ans. Je me trouvais alors à Monterrey, et j'ai eu le privilège de signaler qu'il y avait tromperie sur la marchandise : en réalité, son offre dépassait à peine la somme de 1 milliard de dollars par an sur cinq ans. Mes remarques ont attiré pas mal d'attention au Mexique. Ainsi, à l'arrivée du président Bush, son porte-parole a fait savoir qu'il y avait eu erreur, et que trois ans après 2004 la dotation du gouvernement grimperait jusqu'à 5 milliards de dollars par an. On obtenait ainsi une contribution nettement supérieure à celle qui avait été évoquée au départ : cela voulait dire que le budget américain d'aide internationale augmenterait au total de 50 % au cours d'une période de cinq ans. Inutile de préciser que les sommes en question sont dérisoires par rapport au coût de l'invasion de l'Irak.

Le Fonds du millénaire marque un progrès notable en ce qui concerne la manière dont l'aide étrangère est administrée. Les pays bénéficiaires sont choisis sur la base de critères transparents. L'attribution des fonds se fait selon le modèle de « fondation » préconisé dans mon livre précédent. Organismes publics ainsi qu'organisations non gouvernementales peuvent y prétendre, et les projets doivent préciser les critères de performance à respecter.

L'un des grands mérites de cette nouvelle démarche est qu'elle prend beaucoup plus en compte les conditions politiques dans le pays bénéficiaire que ce n'était le cas par le passé. La plupart des critères d'admissibilité concernent le fonctionnement des institutions démocratiques et l'absence de corruption. Il y a aussi une catégorie dite de « liberté économique » qui risque de faire le bonheur des entreprises américaines plutôt que des habitants du pays bénéficiaire, mais ce n'est là qu'un défaut mineur. Car le choix de privilégier le politique au lieu de se borner aux seules considérations économiques constitue une avancée énorme. Dans sa forme traditionnelle, l'aide internationale a toujours souffert d'une étrange cécité à l'égard des conditions politiques. Cela s'explique par le fait que des institutions comme le FMI ou la Banque mondiale sont des associations d'États qui n'entendent pas supporter la moindre ingérence dans leurs affaires intérieures. Par voie de conséquence, l'aide internationale a souvent servi à maintenir en vie des régimes répressifs ou corrompus. Aujourd'hui, la situation est en train de changer sous l'influence du nouveau paradigme, et le Fonds du millénaire n'en rend que plus explicite ce changement.

Le Fonds du millénaire est conçu de manière à renforcer les pays déjà engagés dans la bonne voie et, de ce fait, il exclut précisément ceux qui se débattent pour sortir du piège de la guerre civile ou qui s'efforcent de mener à bien un changement de régime. Autrement dit, le fonds ne concerne qu'un seul segment sur l'éventail des pays ayant besoin d'assistance. Mais cet état de fait, qui paraît de prime abord regrettable, a néanmoins un côté positif. Les études réalisées par des chercheurs comme Paul Collier indiquent qu'un pays profite généralement mieux de l'aide au développement lorsque cinq ans environ se sont écoulés depuis la fin d'un conflit plutôt que pendant ou immédiatement après. Or, historiquement, l'aide a tendance à arriver abondamment dans les toutes premières années de paix… pour s'évaporer ensuite. Il pâtit cependant d'une faiblesse non négligeable : son caractère unilatéral. Si le Fonds du millénaire comporte des mesures sur la coordination de ses activités avec celles de l'USAID, agence américaine chargée de la gestion de la plupart des projets d'aide au développement, on chercherait en vain dans ses statuts une seule disposition portant sur la coopération internationale. Non seulement cet unilatéralisme facilite la tâche à ceux qui voudraient refaire entrer par la porte de derrière les intérêts géopolitiques et économiques des États-Unis, mais il complique celle qui consiste à utiliser le fonds pour inciter les pays bénéficiaires à progresser sur le chemin de la démocratie et de la société ouverte. L'une des raisons de l'inefficacité traditionnelle de l'aide au développement est qu'elle permet au gouvernement bénéficiaire de jouer les donateurs les uns contre les autres. Ce phénomène, que j'ai constaté en Bosnie, a de fortes chances de se reproduire aujourd'hui.

Il est indispensable de démontrer que l'aide peut produire des résultats positifs, et le Fonds du millénaire est à cet égard très bien ciblé. Ses succès contribueront à améliorer l'image de marque de l'aide au développement et ouvriront la voie à des expériences plus risquées, comme le fait de secourir la société civile dans un pays dont le gouvernement est hostile à cette action ou d'intervenir dans des situations de conflit, interventions qui exigent une étroite coopération internationale. Je ne ménage pas mes critiques à l'égard de l'administration Bush, mais je soutiens sans réserve le Fonds du millénaire et je tiens à le protéger de tout affadissement et de tout détournement. Malheureusement, les travaux budgétaires sont déjà en train de le rogner.

Le Fonds du millénaire ne s'occupe pas des cas les plus difficiles : gouvernements répressifs et corrompus, conflits internes et États déstructurés. C'est là que le principe de souveraineté du peuple révèle toute son utilité.

Il ne faut pas que l'aide au développement transite par les seuls gouvernements nationaux, d'autant que les arguments en faveur d'un soutien aux autorités locales ou aux ONG très solides. Un pouvoir démocratique ne devrait normalement pas y voir d'inconvénient : au contraire, on s'attendrait plutôt qu'il se félicite de l'activité de ces organisations. Mais ce sont précisément les gouvernements qui ne remplissent pas les conditions d'accès à l'aide internationale qui risquent de s'opposer à son acheminement par des canaux non officiels. Comment réagir à ces objections ? J'ai la ferme conviction que plus un gouvernement fait preuve d'hostilité, plus il est capital de soutenir la société civile. Si le gouvernement proteste, on peut *a priori* soupçonner qu'il agit en violation de la souveraineté du peuple, et il convient de le traiter en conséquence.

C'est là le principe de base qui oriente l'action de mon réseau de fondations. Dans chaque pays, nous mettons sur pied un conseil d'administration local constitué de citoyens acquis à l'idée de la société ouverte et c'est par lui que nous acheminons notre aide. Le conseil assume la responsabilité de ses décisions. Là où il est possible de travailler avec le gouvernement, il le fait ; sinon, il se borne à soutenir la société civile et résiste à toute tentative d'ingérence des pouvoirs publics. On a parfois intérêt à collaborer avec ceux-ci, mais agir dans un pays dont le gouvernement est hostile se révèle parfois encore plus fructueux. Car il est primordial dans ce cas d'entretenir la flamme de la liberté, et, par sa résistance aux ingérences, la fondation peut alerter la population au sujet des abus du gouvernement. Dans la Slovaquie de Meciar, dans la Croatie de Tudjman et dans la Yougoslavie de Milosevic, les fondations ont joué un rôle actif dans la mobilisation de la société civile et la démocratisation du régime.

Si mes fondations ont très bien réussi jusqu'ici à tenir face à la répression, c'est parce que les gouvernements hésitaient à être associé à la répression d'une organisation agissant pour le bien de la population. C'est exactement ce qui s'est passé vers la fin de l'ère Milosevic en Yougoslavie : la fondation s'est vue privée de sa certification officielle, mais la décision n'a pas été appliquée et notre structure n'a jamais cessé de fonctionner. Ce n'est qu'en Biélorussie que nous avons subi une mesure d'expulsion, mais notre fondation a poursuivi son travail de l'extérieur et, à maints égards, elle est devenue plus efficace qu'auparavant, puisque seuls les véritables partisans de la société ouverte se donnent désormais la peine d'introduire des demandes de subventions.

L'aide publique accordée par des gouvernements ou des institutions internationales devraient appliquer ce même principe de base : moins le pays candidat est démocratique, plus il convient d'acheminer les fonds par les structures de la société civile. Gouvernements et organismes internationaux sont beaucoup mieux placés qu'une fondation privée pour s'opposer aux gouvernements bénéficiaires qui cherchent à entraver l'aide directe aux ONG. Même le régime le plus répressif s'attache à entretenir la fiction qu'il se soucie des intérêts de sa population, d'où sa vulnérabilité aux désaveux diplomatiques. Et si les pressions extérieures peuvent à l'occasion se révéler contre-productives — la question des terres agricoles au Zimbabwe a touché un point sensible dans la population africaine, ce qui a permis à Robert Mugabe de braver la réprobation quasi unanime des pays développés en se faisant passer pour un adversaire acharné de l'oppression coloniale —, on trouve le plus souvent le moyen de les exercer efficacement. Ainsi, lorsque le gouvernement égyptien a incarcéré Said Ibrahim, le militant le plus éminent des droits démocratiques du pays, pour avoir accepté des financements étrangers, les États-Unis ont gelé, par représailles, toute augmentation de leur aide à l'Égypte jusqu'à ce qu'elle le libère. Cette pression a porté ses fruits. La Cour de cassation égyptienne, dans un arrêt d'une portée considérable, a non seulement déclaré irrecevables les poursuites engagées à l'encontre de M. Ibrahim, mais aussi réaffirmé la liberté d'expression et le droit d'accepter des fonds étrangers. Cette décision a créé un nouvel espace pour tous ceux qui souhaitent soutenir les ONG égyptiennes engagées dans la lutte pour une société plus ouverte.

9

SOUVERAINETÉ DES PEUPLES ET RICHESSES NATURELLES

S'IL EST UN DOMAINE dans lequel le principe de la souveraineté des peuples a des répercussions importantes, c'est bien celui des revenus de l'exploitation des matières premières. Les sommes en question sont supérieures à celles de l'aide internationale. Cela justifie en soi l'intérêt du sujet, mais les événements récents sont si prometteurs qu'il convient d'y consacrer un chapitre à part entière[1].

Les richesses naturelles d'un pays devraient appartenir au peuple, mais il arrive souvent que les gouvernants les exploitent dans leur intérêt personnel. Cela constitue une violation de la souveraineté du peuple et appelle donc des interventions extérieures. En fait, il y a déjà eu beaucoup d'interventions de nature commerciale, mais elles ont généralement eu pour seul effet d'encourager et de renforcer ceux qui bafouent le principe de souveraineté en question. L'extraction de la plupart des richesses naturelles des pays en développement est le fait d'entreprises étrangères — minières, pétrolières ou autres — qui ne seront nationalisées ou remplacées par des sociétés nationales que longtemps après le début de leurs opérations. Peu leur

1. Le passage qui suit porte sur les pays en développement et non pas sur les pays industrialisés, où les institutions de la propriété privée sont pleinement formées.

importe la souveraineté populaire : ces sociétés cherchent surtout à obtenir des concessions, et, pour ce faire, elles s'adressent aux dirigeants du pays, pas à la population. De même, les gouvernants tirent leur pouvoir non pas du peuple, mais des matières premières sous leur contrôle. Rien ne les pousse à partager ces matières premières, tout les incite à se maintenir au pouvoir. Quant aux entreprises et aux gouvernements des pays industrialisés, ils accordent leur soutien aux puissants plutôt qu'à la population. Ces conditions, c'est le moins qu'on puisse dire, ne sont guère propices au développement de la démocratie. Elles expliquent en grande partie les problèmes du Moyen-Orient et de l'Afrique.

Nombre de pays dont la vie économique dépend de l'exploitation de leurs richesses naturelles ont un régime autoritaire et répressif, et beaucoup de conflits armés dans le monde tournent autour de la maîtrise de ces richesses. Dans la lutte pour s'arracher des concessions, tous les coups sont permis[1]. En Afrique, certains rebelles armés peuvent même emprunter de l'argent en contrepartie d'une promesse de concessions futures. L'analyse de ce continent révèle que les pays riches en matières premières sont tout aussi pauvres que ceux qui en sont moins bien dotés, mais que ces derniers ont en revanche un régime plus démocratique et moins corrompu. Nombre des pays les mieux lotis sur le plan naturel — Congo, Angola, Sierra Leone, Liberia, Soudan — ont été ravagés par des conflits terribles. Il y

1. C'est ce que l'on m'a appris dans une réunion avec des dirigeants de sociétés pétrolières et minières. Au stade du développement, celles-ci veulent bien combattre la corruption, qui rogne leurs marges bénéficiaires, mais, sans concession, il n'y aura pas de bénéfices à protéger.

a cependant quelques exceptions. Le Botswana connaît à la fois démocratie et prospérité, grâce à la clairvoyance du groupe minier De Beers et au soutien de la Banque mondiale, en plus de la qualité des dirigeants locaux [1]. Mais la tendance dominante dans ces pays est négative. Le fait de posséder des richesses naturelles semble défavorable au développement pacifique. Tant et si bien qu'on est fondé à parler d'une *malédiction des matières premières.*

DE NOUVELLES RECHERCHES

Des recherches très importantes ont récemment été réalisées sur cette question. Un livre écrit en 2003 par Paul Collier et d'autres chercheurs marque à cet égard une véritable percée [2]. Bien qu'axé sur l'étude des conflits armés et de leurs répercussions sur le développement économique, il fournit également des éléments précieux au sujet de la malédiction des matières premières.

Paul Collier avance un argument primordial : il ne faut pas voir le développement économique comme un mouvement à sens unique. Il peut être tout autant négatif et rétrograde que positif et progressiste. Conflits, répression, corruption ou simple impéritie des gouvernants suffisent parfois à détruire une économie. Cette vérité, pour évidente qu'elle paraisse, échappe curieusement à la plupart des observateurs. On mesure le développement de façon globale, en définissant des agrégats : c'est ainsi que l'ONU a fixé ses Objectifs du millénaire pour le dévelop-

1. De Beers est un excellent exemple de braconnier devenu garde-chasse.
2. Paul Collier et al., *Breaking the Conflict Trap : Civil War and Development Policy, op cit.*

pement[1]. L'hypothèse inexprimée qui sous-tend cette vision est que l'on se rapproche des objectifs par une sorte d'accumulation lente et progressive. Or il n'en est rien, car les agrégats en question renferment tout à la fois des évolutions positives et des évolutions négatives. Qui plus est, les unes et les autres ont tendance à se renforcer d'elles-mêmes. Les évolutions négatives sont certes rares, mais néanmoins plutôt aiguës quand elles se produisent. D'où leur impact important sur les agrégats. Paul Collier et son équipe, qui consacrent une étude à part aux conflits armés, soulignent cependant que la guerre civile n'est qu'un élément d'une série de facteurs qui se renforcent mutuellement : corruption, dépendance excessive à l'égard de l'exploitation des matières premières, répression, erreurs de stratégie économique, clivages interethniques, crises financières, ingérences de gouvernements étrangers et ainsi de suite. Se servant des outils de l'analyse de régression, les auteurs cherchent à évaluer le poids respectif de chacun de ces facteurs, et ils en concluent que la dépendance à l'égard de l'exploitation des matières premières joue un rôle primordial dans les conflits armés. La raison n'en est que trop évidente : les richesses naturelles constituent à la fois la fin et le moyen de mener ces conflits. Mais ceux-ci ne sont qu'une dimension de la malédiction des matières premières, la corruption et la répression étant rarement

1. On trouve, parmi ces objectifs, la réduction de moitié du nombre d'êtres humains souffrant de la faim et de la pauvreté extrême, la réduction de deux tiers de la mortalité infantile et la réduction de trois quarts du nombre de femmes mortes en couche. Voir Nations unies, *Rapport Mondial sur le développement humain 2003 : Les objectifs du millénaire pour le développement : Un pacte entre les pays pour vaincre la pauvreté humaine,* disponible sur http://www.undp.org/hdr2003/francais.

absentes du tableau. Nombre de pays généreusement pourvus par la nature se trouvent ainsi enfermés dans le piège de la misère et des souffrances.

Les études concrètes réalisées par l'équipe de Paul Collier ont des conséquences non négligeables sur le plan théorique. Le piège des conflits et la malédiction des matières premières sont en effet des processus qui s'entretiennent d'eux-mêmes et qui contredisent donc le grand article de foi des intégristes du marché : il suffit de laisser chacun s'occuper de ses intérêts personnels pour atteindre l'équilibre économique et la répartition optimale des ressources. Car la vie est pleine de pièges et les marchés ne tendent pas forcément vers l'équilibre. L'échec, tout comme le succès, se renforce souvent lui-même.

Un pays qui ne s'attache pas à renverser d'abord ses tendances au développement rétrograde n'a guère de chances d'atteindre ses objectifs de développement. Même s'il enregistre une progression dans l'ensemble, il l'aura obtenue au prix d'une aggravation des disparités entre riches et pauvres, entre individus libres et victimes de l'oppression. C'est fondamentalement l'évolution que l'on constate aujourd'hui, à la fois sur le plan national et sur plan international.

Il s'agit désormais de reconnaître comme objectif premier des politiques de développement la nécessité d'aider individus, groupes et pays à sortir de toute une série de pièges de ce type. La nature même du phénomène oblige généralement ceux qui sont piégés à faire appel au monde extérieur. L'assistance extérieure n'est pas indispensable : il existe des cas où des populations parviennent à s'extirper toutes seules de leur piège. C'est juste qu'elle peut rendre la tâche infiniment plus facile.

Cette idée commence à faire son chemin. Les populations prennent progressivement conscience de la malédiction des matières premières et du piège des conflits ; des organisations non gouvernementales sont d'ores et déjà actives sur ce front. Une petite ONG britannique qui s'appelle Global Witness a fait œuvre de pionnier. Sa première initiative a concerné la protection des forêts tropicales au Cambodge. En fermant en mai 1995 la frontière entre ce pays et la Thaïlande aux exportations de bois organisées par les Khmers rouges, elle a réussi à mettre un terme au trafic des bois durs, particulièrement rares. Le manque à gagner qui en a résulté a joué un rôle clé dans l'extinction de cette organisation génocidaire. Global Witness a ensuite concentré son attention sur le problème du trafic de diamants au Liberia, en Sierra Leone et en Angola. Sa campagne contre les diamants « de guerre » a donné naissance au régime de certification du processus Kimberley, qui commence à entrer en application.

En 2002, cette organisation s'est jointe à plus de soixante autres du monde entier pour lancer la campagne « Publish What You Pay ». Comme nous l'avons déjà vu, celle-ci a pour but de contraindre les grandes entreprises extractives à publier le montant de leurs versements aux pays en développement. Je suis fier d'être associé à cette campagne ainsi qu'à Global Witness.

« Publish What You Pay » n'est que la première étape du combat pour vaincre la malédiction des matières premières. Il faudrait aussi pousser les gouvernements à communiquer les sommes empochées et surtout à répondre de l'utilisation qu'ils en font. C'est l'ambition de Caspian Revenue Watch, organisation que je soutiens également et qui se consacre à surveiller les pays riches en pétrole de la région caspienne, notamment l'Azerbaïdjan et le Kazakhstan. Par le biais de recherches, de formation et de partenariats, elle s'attache à renforcer la capacité de la société civile à contrôler elle-même la perception et l'affectation des revenus tirés des secteurs minier et pétrolier.

Certains gouvernements corrompus en mal de respectabilité ont décidé d'établir des fonds d'investissement pétrolier. Ainsi, Noursultan Nazarbaev, président du Kazakhstan, embarrassé par la découverte d'un compte important qu'il détenait dans une banque suisse, a placé l'argent du compte dans un fonds d'investissement pétrolier prudemment géré et calqué sur le modèle norvégien dans ce domaine. Or on peut douter de la sagesse de ce choix : pourquoi utiliser un fonds d'investissement kazakh pour acheter des obligations hypothécaires en Amérique au lieu de créer un marché des obligations de ce type au Kazakhstan ?

Un rapport de 2003 publié par le Fonds monétaire international analyse pour sa part le gaspillage des recettes du pétrole nigérian au fil des ans. Il affirme que, si ces revenus avaient été directement distribués à la population, chaque ménage aurait reçu environ 140 dollars, soit 43 % à peu près du PIB actuel par habitant[1]. Dans le cas du

1. Xavier Sala-i-Martin et Arvind Subramanian, « Addressing the Natural Ressource Curse : An Illustration from Nigeria », IMF Working Paper 03/139, juillet 2003, 19, disponible sur http://www.imf.org/external/pubs/ft/wp03139.pdf. Les auteurs affirment par ailleurs que la qualité des institutions publiques au Nigeria bénéficierait à terme de la distribution directe de la manne pétrolière. Privé d'une source directe de revenus, le gouvernement deviendrait plus dépendant du contribuable nigérian et donc plus responsable à son égard.

Nigeria, des distributions d'espèces seraient d'autant plus indiquées que la complexité des rapports entre instances fédérales, régionales et locales rend pratiquement inéluctable la disparition « en cours de route » des recettes du pétrole.

L'oléoduc Tchad-Cameroun offre un exemple éclairant des avantages d'une plus grande transparence. La Banque mondiale n'a consenti à financer ce projet qu'à la condition que le Tchad s'engage à autoriser des contrôles indépendants et à se servir des revenus tirés de l'oléoduc pour réduire la pauvreté dans le pays. Un rigoureux mécanisme de surveillance avait été mis en place avec la participation de la société civile et, presque aussitôt, le gouvernement tchadien fut pris en flagrant délit de détournement : il cherchait à utiliser une grande partie de la prime à la signature — d'une valeur de 25 millions de dollars — pour acheter des armes. L'essentiel des sommes détournées a été récupéré. Il est à l'évidence nécessaire de prolonger le mandat de ce mécanisme de surveillance qui, s'il a largement démontré son efficacité, a expiré en juillet 2003, quand le pétrole a commencé à couler dans l'oléoduc.

La campagne « Publish What You Pay » a reçu un accueil favorable du gouvernement britannique, et bon nombre de sociétés pétrolières et minières se sont exprimées dans le même sens. Au sommet mondial sur le développement durable organisé à Johannesburg en septembre 2002, Tony Blair, premier ministre du Royaume-Uni, a annoncé la mise sur pied d'une « Extractive Industries Transparency Initiative » (Initiative de transparence des industries extractives, ou EITI). La nécessité d'une transparence accrue dans la gestion des recettes de l'exploitation des richesses naturelles a par ailleurs été réitérée dans la déclaration du G8 à Évian, en juin 2003. Puis, au cours du même mois, le gouvernement britannique a accueilli à Londres une réunion de très haut niveau où se sont retrouvés les représentants de gouvernements, de grandes entreprises pétrolières et minières, d'institutions financières internationales et de la société civile. L'immense majorité des participants — cinquante-neuf au total — a approuvé les principes de l'EITI. Quatre pays producteurs — Timor-Leste, Ghana, Mozambique et Sierra Leone — se sont proposés pour une étude pilote dans laquelle le gouvernement et toutes les entreprises concernées communiqueraient, conformément aux modèles mis au point par l'équipe britannique, les revenus perçus et leur utilisation. De leur côté, plusieurs autres pays producteurs importants ont indiqué qu'ils envisageaient d'en faire de même. British Petroleum a pris l'initiative de publier à l'avenir la répartition détaillée par pays de ses revenus et de ses dépenses, et le gouvernement angolais, qui s'est opposé dans un premier temps à cette initiative, a par la suite proposé sa coopération. Quant au gouvernement du Kazakhstan, hostile au départ au rapport de Caspian Revenue Watch, il s'est engagé depuis à collaborer avec cette association. Et le gouvernement d'Azerbaïdjan travaille désormais avec British Petroleum, opérateur du plus gros projet de développement pétrolier du pays, pour éviter des détournements de fonds à grande échelle. Même le gouvernement de Washington et les plus grosses sociétés américaines du secteur pétrolier, qui, hier encore, ne voulaient pas entendre parler de « Publish

What You Pay », ont commencé, ne serait-ce qu'en traînant les pieds, à rallier le mouvement.

Une meilleure transparence et une plus grande responsabilité dans les pays producteurs de pétrole sont vitales pour les États-Unis. Ceux-ci sont déjà dépendants du pétrole du Moyen-Orient, et l'importance croissante de l'Afrique et de l'Asie centrale dans ce domaine se confirme de jour en jour. Après leurs déboires avec l'Arabie saoudite, les Américains devraient se rendre compte que l'existence de régimes relativement honnêtes et démocratiques dans les pays d'où provient leur pétrole relève de leur intérêt. Dès lors, on comprend mal pourquoi Washington hésite à ce point à jouer un rôle plus actif. Le patronage de la démocratie et de la transparence dans les pays producteurs de pétrole n'est-il pas une politique plus constructive que l'occupation de l'Irak ? Il est toutefois trop tôt pour crier victoire. Au contraire, maintenant que la transparence dans ce domaine passe pour le summum du politiquement correct, il y a un réel danger que tout le monde en parle pour la forme... et continue exactement comme avant. On ne pourra maintenir l'élan que si la société civile reste fortement mobilisée. Cela veut dire concrètement les spécialistes, les représentants des pouvoirs publics et, bien sûr, les ONG. Car en raison de la complexité extrême de ce dossier, personne ne sait exactement ce qu'il faudrait faire pour tirer le meilleur parti des revenus dégagés par l'exploitation des richesses naturelles. Néanmoins, la question suscite aujourd'hui une prise de conscience de plus en plus grande, et un mouvement en faveur de la transparence semble se dessiner. Son potentiel est énorme : les revenus de l'exploitation des matières premières dépassent de loin le montant de l'aide publique au développement et, si l'on parvenait à mettre fin à la corruption massive, plusieurs des pays les plus déstabilisés pourraient avancer vers un avenir plus prometteur. Bref, le mouvement est sur le point de prendre son essor.

10

PERSPECTIVE HISTORIQUE

POUR IDÉALISTE que soit le rôle que j'imagine pour les États-Unis — à savoir diriger les efforts de coopération visant à améliorer l'ordre mondial actuel —, il n'est pas irréaliste. En fait, il s'appuie sur la forte tradition d'idéalisme qui caractérise la politique étrangère américaine. Les États-Unis occupent une place exceptionnelle parmi les grandes puissances, du fait de leur attachement aux principes universels remarquablement exprimés dans la déclaration d'Indépendance et réaffirmés dans le pacte Atlantique (qui à son tour a marqué de son influence le préambule de la charte des Nations unies). Même Henry Kissinger, apôtre du réalisme géopolitique, reconnaît ce qu'il appelle l'« exception américaine [1] ». Il entend par là que les États-Unis sont plus incités à fonder leur politique étrangère sur des principes que la plupart des autres pays.

Pendant la Seconde Guerre mondiale, l'Amérique s'est battue pour la démocratie et les droits de l'homme, même si l'expression « droits de l'homme » n'était pas aussi à la mode qu'elle l'est aujourd'hui. Ses objectifs de guerre ont obtenu le soutien enthousiaste de beaucoup d'Européens, et elle s'est montrée à la hauteur de son image de rempart de la liberté et de la démocratie. Après la guerre, les États-

1. Henry Kissinger, *Diplomatie, op cit.*

Unis ont poursuivi dans le même esprit. L'alliance avec l'Union soviétique a été rompue parce que cette dernière ne respectait pas les principes de la démocratie et qu'elle transformait en satellites les pays qui lui avaient été attribués par les accords de Yalta (le consentement donné par Roosevelt à la division de l'Europe à Yalta demeure un point noir dans l'histoire américaine). Le plan Marshall était un geste hardi et généreux : si les États-Unis étaient capables aujourd'hui de quoi que ce soit de comparable, ce serait une démonstration de ce leadership responsable que je défends dans ce livre.

On pourrait certes objecter que le plan Marshall n'était pas aussi altruiste qu'il paraît. L'Europe risquait de tomber sous la domination soviétique et l'industrie américaine avait un énorme besoin de nouveaux débouchés. Mais il se trouve que le rôle des États-Unis pour lequel je plaide ne s'appuie pas sur l'altruisme mais sur l'intérêt national bien compris. À l'aune de ce critère, le plan Marshall a bien rempli son office.

DEUX TYPES D'IDÉALISME

Les raisons de la guerre froide se trouvaient autant dans le champ des idées que dans celui des intérêts géopolitiques, même si, une fois la bataille engagée, les deux devinrent inséparables. Le contenu précis de ces idées est une question ouverte qui demeure d'actualité. Je considère la guerre froide comme une lutte entre société ouverte et société fermée, entre liberté démocratique et dictature totalitaire. D'autres l'interprètent comme un conflit entre capitalisme et communisme. Ce désaccord n'est pas sans importance. La société ouverte défend des principes universels, valables pour tous. Le capitalisme se fonde, de son côté, sur la poursuite de l'intérêt personnel et a partie liée avec le réalisme géopolitique. Les deux concepts — société ouverte et capitalisme — ne sont pas tellement éloignés : la société ouverte reconnaît la propriété privée et ne peut être indifférente aux réalités géopolitiques. Néanmoins, on a affaire à deux états d'esprit assez différents. Qu'est-ce qui prévaut : les droits universels et la loi ou le souci de l'intérêt personnel ?

Cette différence apparaissait clairement dans les divisions au sein du mouvement des droits de l'homme pendant la guerre froide. Freedom House fut créé en 1941 par des personnes qui se firent connaître plus tard comme néoconservateurs et qui utilisèrent les droits de l'homme comme arme contre l'Union soviétique. Human Rights Watch, ou Helsinki Watch, comme on l'appelait à ses débuts, constitué à l'origine par des « progressistes » à la suite des accords d'Helsinki de 1975, dénonçait les violations des droits de l'homme auxquelles se livrait l'Union soviétique. Du point de vue du premier groupe, les États-Unis avaient raison et l'Union soviétique avait tort, alors que le deuxième groupe, qui considérait les droits de l'homme comme universels, était tout à fait prêt à critiquer les deux superpuissances. De fait, bon nombre de ses militants étaient passés auparavant par le mouvement pour les droits civiques aux États-Unis. Americas Watch, fondé pour faire pendant à Helsinki Watch, se donna pour mission de surveiller les violations commises des deux côtés.

La divergence se creusa encore après l'effondrement de l'empire soviétique. L'emprise de la vision capitaliste du monde entraîna l'introduction immédiate d'une économie de marché, sans que l'on se soucie outre mesure de renforcer les capacités autonomes des pays concernés. L'application du concept de société ouverte aurait, quant à elle, exigé une initiative comparable au plan Marshall.

Dans un même ordre d'idées, la déclaration d'Indépendance américaine est également sujette à différentes interprétations. Je la considère comme une affirmation des principes de la société ouverte, à condition que l'on n'en fasse pas des vérités « évidentes en elles-mêmes » mais qu'on les accepte comme des dispositions rendues indispensables par l'imperfection humaine. Au contraire, Leo Strauss, qui est censé avoir influencé Paul Wolfowitz et d'autres néoconservateurs, s'est emparé de la première phrase de la déclaration, qui parle de vérités intangibles, et en a tiré le concept de « droits naturels ». Celui-ci occupe manifestement une place importante dans l'idéologie des partisans de la suprématie américaine, et pourtant, avant de me pencher sur leur conception du monde, je n'étais même pas conscient de l'existence des « droits naturels ». J'ai découvert que ce concept avait été souvent utilisé pour imposer des devoirs et limiter les choix individuels. C'est ainsi qu'on le retrouve dans les arguments des conservateurs et les déclarations du Pape, qui s'en est notamment servi pour lutter contre l'avortement.

Ces deux cadres conceptuels — l'un bâti sur la faillibilité et l'autre sur les droits naturels — évoquent deux passants qui se croisent sans vraiment se rencontrer[1]. On trouvera

1. Par exemple, Leo Strauss et Karl Popper ont une interprétation complètement différente de *la République* de Platon et, tout en étant contemporains, ils ne firent que peu ou pas du tout référence l'un à l'autre.

par conséquent utile d'introduire, en plus de l'opposition traditionnelle entre idéalisme et réalisme géopolitique, une distinction entre deux idéalismes : le premier s'appuie sur le concept de société ouverte et le second sur celui de droits naturels. Cette distinction supplémentaire s'avère particulièrement pertinente à ce moment précis de l'Histoire[1].

LA GUERRE FROIDE : CONCORDANCE DES IDÉES ET DES INTÉRÊTS

Il était facile de concilier idéalisme et réalisme pendant la Guerre froide. Que la société idéale fût la société ouverte ou le capitalisme, l'Union soviétique était l'ennemi. De ce point de vue, les États-Unis avaient le beurre et l'argent du beurre : ils pouvaient à la fois être la superpuissance et le leader du monde libre. Il existait certes des divergences entre les progressistes, d'une part, les néoconservateurs et les réalistes géopolitiques, d'autre part, mais ils se retrouvaient tous dans leur hostilité à l'Union soviétique.

Le désaccord le plus important concernait le choix des alliés et le traitement à leur réserver. Pour les réalistes, l'ennemi de notre ennemi était notre ami. Jean Kirkpatrick, ambassadrice américaine auprès des Nations unies sous le président Reagan, avait établi une distinction subtile entre régimes autoritaires et totalitaires[2]. Le

1. D'une certaine façon, cette triple division correspond aux trois stratégies de sécurité nationale évoquées dans l'initiative du Council on Foreign Relations : Lawrence J. Korb, *A New National Security Strategy in an Age of Terrorists, Tyrants, and Weapons of Mass Destruction,* Council on Foreign Relations Press, New York, 2003.
2. Jean J. Kirkpatrick, « Dictatorships and Double Standards », *Commentary,* vol. 68, n° 5, novembre 1979, p. 34-35.

fondement de cette distinction était que les régimes autoritaires étaient les amis de l'Amérique alors que les régimes totalitaires étaient leurs ennemis. Par exemple, les États-Unis avaient d'excellents rapports avec l'Afrique du Sud malgré le système de l'Apartheid. L'aide au développement accordée était largement fonction de considérations géopolitiques et servait souvent à soutenir des régimes autoritaires[1]. Human Rights Watch s'est insurgé contre cette politique, alors que Freedom House l'a soutenue. Les questions de politique étrangère faisaient à l'époque l'objet de rudes combats. Le Congrès américain émit de vives critiques au sujet du coup d'État mené par la CIA contre Salvador Allende au Chili, ainsi que du soutien caché aux dictatures militaires brutales du Brésil et d'Argentine et, pour finir, de la guerre des Contras au Nicaragua. Toutes ces actions étant justifiées, bien sûr, par la nécessité de lutter contre l'expansion du communisme sur le continent américain. Pour l'essentiel, néanmoins, la politique étrangère américaine bénéficiait du soutien des deux camps, à l'exception de la guerre du Vietnam, qui divisa profondément le pays, laissant des cicatrices profondes et des souvenirs amers.

SUPERPUISSANCE OU LEADER DU MONDE LIBRE ?

La Guerre froide prit fin avec l'effondrement interne du système et l'implosion de l'empire soviétique. Ces événements furent salués comme une grande victoire pour les

1. La logique de cette approche rappelle la formule utilisée par Franklin D. Roosevelt à propos du dictateur nicaraguayen Anastasio Somoza : « C'est peut-être un salaud, mais c'est notre salaud. »

États-Unis, mais la nature de la victoire n'a jamais été pleinement comprise du fait de la fusion des deux rôles endossés par l'Amérique : celui de superpuissance et celui de leader du monde libre. On ne savait pas non plus très bien ce que recouvrait au juste la notion de « monde libre » : le capitalisme ou la société ouverte ? L'effondrement était-il dû au développement agressif de l'Initiative de défense stratégique (IDS autrement connue sous le nom de Guerre des étoiles) par les Américains, à la supériorité du capitalisme ou à l'aspiration à la liberté au sein de l'empire soviétique ? Tout aussi confuse était la réaction à l'effondrement.

La fin de l'empire soviétique en 1989 puis de l'Union soviétique en 1991 a été une occasion historique pour transformer les pays de la région en sociétés ouvertes. L'Union soviétique, puis la Russie et les États nouvellement indépendants avaient besoin d'une aide extérieure dans la mesure où une société ouverte suppose un mode d'organisation autrement complexe. Dans une société fermée, il n'existe qu'une seule conception de l'organisation de la société, à savoir celle qui est imposée par la force. Dans une société ouverte, en revanche, non seulement on accorde au citoyen le droit de penser par lui-même, mais on l'exige de lui, et il existe des dispositions institutionnelles qui permettent aux personnes ayant des intérêts, des formations, et des opinions divergents de cohabiter en paix. Le système soviétique a probablement constitué la forme la plus aboutie de société fermée de toute l'histoire humaine. Il pénétrait pratiquement dans tous les aspects de la vie : politique, militaire, économique et intellectuel. À son stade le plus virulent, il tenta même d'envahir les sciences naturelles (l'agronome Trofim Lyssenko ayant essayé, à l'aide de l'idéologie marxiste, de prouver la transmissibilité des caractères acquis [1]). La transition d'une société fermée à une société ouverte exigeait un changement révolutionnaire qui ne pouvait être accompli sans aide extérieure.

Cette idée m'a poussé à établir en hâte des Fondations pour la société ouverte dans tout l'ex-empire soviétique, un pays après l'autre. J'ai compris toute l'importance de l'occasion. Une révolution se caractérise notamment par l'élargissement de l'éventail des possibilités. Des transformations dépassant ce qui est d'ordinaire du domaine du possible deviennent soudain réalisables, et des actions décidées à ce stade ont tendance à déterminer le cours de l'avenir. C'est pourquoi j'ai consacré toute mon énergie à mettre sur pied le réseau de mes fondations et que je leur ai insufflé autant d'argent qu'elles ont pu en absorber.

Les sociétés occidentales n'ont pas eu la même réaction aux événements. Elles n'ont pas compris leur signification historique et ont continué à vaquer à leurs affaires comme si rien n'avait changé. Bloquées dans la routine de la guerre froide, qui avait opposé deux conceptions du monde et deux superpuissances, elles n'ont pas voulu croire à une mutation possible de l'Union soviétique. L'idée d'intervenir de façon constructive dans les affaires intérieures de ce

---

1. Les travaux les plus célèbres de Lyssenko portent sur l'augmentation de la production de blé soviétique. Le moyen d'y parvenir était de soumettre du blé de printemps au froid pour créer une variété de blé capable de supporter l'hiver russe. Ces expériences et leurs effets néfastes durables sur l'agriculture soviétique ont fait passer Lyssenko (aux côtés de Josef Mengele) dans le clan des « méchants » du panorama effectué par le magazine *Time* sur les réussites scientifiques du vingtième siècle. Voir « Cranks : Trofim D. Lysenko », in « Cranks, Villains and Unsung Heroes », *Time 100 Web page,* disponible sur http://www.com/time/time100/scientist/other/unsung3.html.

pays était tout simplement étrangère au mode de pensée dominant.

En décembre 1988, quand Mikhaïl Gorbatchev présenta aux Nations unies sa « nouvelle conception » d'un ordre mondial placé sous le signe de la coopération, son discours fut rejeté comme un stratagème [1]. Le gouvernement américain continua de réclamer des concessions puis, quand les Soviétiques les accordèrent, ils en demandèrent encore davantage. Je me souviens d'avoir rendu visite à Robert Zoellick, aujourd'hui représentant américain au Commerce, alors au département d'État, qui m'informa qu'en aucun cas les États-Unis ne pourraient fournir d'aide à l'Union soviétique tant que celle-ci soutiendrait Fidel Castro à Cuba. Quand le gouvernement américain ne fut plus en mesure de nier la réalité des transformations de régime en cours, il décida qu'il était trop tard pour voler au secours des réformateurs. Les Soviétiques demandèrent de l'aide, ils furent traités comme des mendiants. L'économiste russe Nikolaï Shmelyov m'a raconté que, pendant les cinq heures qu'il avait passées à côté du secrétaire d'État James Baker dans l'avion qui les conduisait à une réunion ministérielle dans le Wyoming, en septembre 1989, il l'avait supplié en pure perte. On a laissé Gorbatchev se débrouiller tout seul.

Quant à moi, j'ai été beaucoup moins hésitant à m'engager personnellement dans de telles interventions et

1. La nouvelle conception en question émanait du ministère des Affaires étrangères, les autres sections de la bureaucratie y étant moins favorables. Par exemple, toutes les initiatives en faveur des droits de l'hommes venaient de ce ministère et non du ministère de l'Intérieur. Ce fut une des grandes sources de la faiblesse de Gorbatchev.

j'ai obtenu des réactions extraordinairement positives. En 1987, un an après avoir mis sur pied une fondation à Moscou, j'ai proposé la constitution d'un groupe de travail international qui aurait pour tâche d'étudier la création d'un « secteur ouvert » dans l'économie soviétique. A ma surprise — j'étais alors beaucoup moins connu qu'aujourd'hui —, les dirigeants soviétiques ont accepté ma proposition. L'idée consistait à créer un pan d'économie de marché au sein de l'économie planifiée, en sélectionnant un secteur comme l'industrie alimentaire qui vendrait ses produits au prix du marché plutôt qu'au prix planifié — grâce à un système de transfert des prix, de l'économie planifiée vers l'économie de marché. Ce secteur ouvert aurait pu ensuite se développer progressivement. Toutefois, il apparut très vite que mon idée était impraticable, car l'économie planifiée était déjà trop malade pour engendrer l'embryon d'une économie de marché. Mais même une idée aussi farfelue, d'une origine aussi peu illustre, fut soutenue au niveau le plus élevé. Il est vrai que j'avais réussi à m'adjoindre des économistes occidentaux comme Wassily Leontief et Romano Prodi. Le premier ministre Nikolaï Ryzhkov avait donné l'ordre aux principales institutions soviétiques (Gosplan, Gosnab) de participer.

Plus tard, j'ai mis sur pied un comité d'experts occidentaux pour conseiller différents groupes d'économistes russes qui préparaient des programmes concurrents de réforme économique. Puis, en 1990, j'ai fait en sorte d'obtenir que soient invités à la réunion du Fonds monétaire international et de la Banque mondiale les auteurs de la principale proposition de réforme économique (connue sous le nom de plan Chataline) dirigée par Grigory Yavlinsky. Celle-ci prévoyait de donner leur indépendance aux républiques constitutives de l'Union soviétique et de regrouper ensuite les États nouvellement indépendants dans une union économique. Finalement, le président Gorbatchev s'y opposa. Si le plan avait reçu un accueil plus positif à Washington, doublé d'un indispensable programme d'aide économique, la désintégration désordonnée de l'Union soviétique aurait pu être évitée.

Avec la fin de la guerre froide — entraînée par cette désintégration —, les États-Unis perdaient l'ennemi qui leur avait permis d'être à la fois superpuissance et leader du monde libre. Ce bouleversement avait pris les dirigeants américains de court, et ils ne pouvaient décider lequel des deux rôles ils préféraient. Ils ont essayé d'assumer les deux à la fois, mais les conditions qui les avaient rendus inséparables avaient disparu.

Pendant la guerre froide, le monde libre était menacé dans son existence même et exigeait la protection d'une superpuissance. Les démocraties occidentales s'étaient regroupées sous la bannière de l'OTAN, sans conteste sous la domination de l'Amérique. Mais une fois la menace d'une invasion soviétique dissipée, l'élan initial en faveur d'une union occidentale sous l'égide de l'Amérique disparut. Les autres pays avaient de moins en moins envie de se soumettre à la volonté d'une superpuissance. Du coup, l'OTAN a changé de caractère, si bien qu'aujourd'hui il ressemble plutôt à une organisation multilatérale. Cette transformation était patente pendant le conflit du Kosovo : chaque décision importante relative au déroulement des combats a dû passer par un mécanisme pesant d'approbation, et le Pentagone n'a soutenu que mollement l'effort de guerre. Bref, l'OTAN a perdu l'attrait qu'il avait pendant la Guerre froide, et l'administration Bush a fini par le traiter comme une institution multinationale parmi tant d'autres.

POUR RÉTABLIR L'IDENTITÉ DE L'AMÉRIQUE

Pour retrouver l'identité dont ils jouissaient pendant la guerre froide, les États-Unis devraient, d'une part, s'affirmer comme leader d'une communauté de démocraties et, d'autre part, adapter en conséquence leur comportement. Ce leadership se traduirait à la fois par l'édification de partenariats authentiques et par le respect des règles qu'ils veulent imposer aux autres. Sachant que les efforts de coopération pacifique ne réussissent pas nécessairement, les États-Unis auraient à conserver leur puissance militaire, mais celle-ci servirait désormais à protéger un ordre mondial juste, et cette fonction serait reconnue par le reste du monde.

Cette conception va à l'encontre de l'idéologie prônée par l'administration Bush que j'ai déjà qualifiée de version grossière du darwinisme social : la survie du plus apte, déterminée par la seule compétition à l'exclusion de toute coopération. La guerre froide correspondait bien à ce paradigme : il s'agissait d'une rivalité entre deux superpuissances et deux conceptions du monde, l'une axée sur la libre compétition et l'autre sur la promesse d'une justice sociale réalisable grâce à la planification centralisée. Le volet « politique étrangère » du programme sur lequel le gouverneur Bush fut élu à la présidence en 2000 constituait une tentative pour ressusciter l'époque faste de la guerre froide, mais cette époque est aujourd'hui révolue. L'identité des États-Unis doit se construire sur des bases nouvelles.

L'échec du modèle de planification centralisée ne prouve pas pour autant *a contrario* la validité de l'économie de marché, même si c'est la conviction de ceux qui considéraient la guerre froide comme une lutte entre capitalisme et socialisme. Il me semble qu'il existe une façon plus juste de regarder le monde, fondée sur l'idée que l'être humain est faillible. Selon ce postulat, toutes nos constructions mentales sont, d'une manière ou d'une autre, imparfaites. Plus concrètement, les deux modèles — communisme et économie de marché, ou intégrisme des marchés, comme je l'ai rebaptisé — sont défectueux, et leurs défauts respectifs ne peuvent être corrigés que par l'apport de certains éléments de l'autre. Indiscutablement, le modèle communiste s'est révélé inférieur à celui de l'économie libérale, mais c'est uniquement parce que ce dernier modèle a été suivi de façon moins dogmatique et moins extrémiste. L'économie de marché se caractérise dans les faits par une forte dose de réglementation et d'autres formes d'intervention sociale, et non par la recherche sans entrave de l'intérêt privé.

Il convient donc, à mon avis, d'attribuer la victoire de l'Occident plutôt au fait qu'il s'agit d'une société ouverte, tandis que l'empire soviétique était une société fermée. Cependant, ma conception du monde n'est pas largement partagée. Friedrich Hayek, l'apôtre de l'économie de marché, a exercé une influence bien plus grande que Karl Popper, le philosophe de la société ouverte [1].

---

1. *La Route de la servitude,* Paris, PUF, 2002, dont l'original remonte à 1944, est l'ouvrage le plus connu de Friedrich Hayek.

Depuis l'élection de Ronald Reagan aux États-Unis et celle de Margaret Thatcher en Angleterre, l'intégrisme des marchés est devenu le credo prédominant à l'Ouest. L'état d'esprit qui a inspiré le New Deal, les Nations unies et le Plan Marshall semble avoir perdu sa capacité à engendrer de nouvelles idées qui pourraient se transformer en réalités. La pensée progressiste n'est pas bannie pour autant — l'Amérique n'est pas une société fermée — mais elle est devenue un handicap politique plutôt qu'un cri de ralliement. Même la gauche politique — notamment le président Clinton aux États-Unis et le New Labour de Tony Blair — a accepté certains des principes de l'intégrisme des marchés. Ils étaient en quête d'une troisième voie qui éviterait à la fois les excès du socialisme et ceux de l'économie capitaliste. Malheureusement, cette troisième voie est dépourvue de la cohérence et de la limpidité des deux autres et n'a jamais acquis de ce fait beaucoup d'élan. Je pense pour ma part que les concepts de réflexivité, d'inéluctable faillibilité humaine et de société ouverte pourraient servir de base à une conception cohérente du monde capable de donner une nouvelle vie aux idées progressistes.

Bill Clinton est arrivé à la présidence sans grande connaissance des questions de politique étrangère. Soucieux avant tout de réaliser son programme de réformes intérieures, il assigna à son conseiller pour la sécurité nationale, Anthony Lake, la tâche d'empêcher que les crises internationales n'absorbent trop de son temps et de son énergie. Le président n'a pas su saisir le sens historique de la fin de la guerre froide et il s'est davantage intéressé à renforcer la compétitivité de l'Amérique qu'à changer l'ordre mondial. Avec le temps, sa perspective a évolué. Il a fini par comprendre qu'un président américain dispose de plus d'influence et de pouvoir sur la scène internationale que dans les affaires intérieures. Il s'est personnellement engagé en Irlande du Nord et dans le conflit israélo-palestinien. Le rôle de médiateur correspondant à sa personnalité, il a accompli de grands pas dans la résolution pacifique des deux conflits. En Irlande du Nord, le processus de paix se poursuit, bien qu'il n'ait pas encore abouti. En Israël, un extrémiste israélien a assassiné le premier ministre Itzhak Rabin au moment même où la paix et la réconciliation étaient à portée de main. Le président Clinton s'est néanmoins obstiné jusqu'au bout, mais il ne s'est plus jamais retrouvé aussi près du but qu'à la veille de l'assassinat de Rabin. Et même s'il a fini par se forger une vision cohérente en matière de politique étrangère, l'occasion historique que représentait l'effondrement du système soviétique avait été manquée.

C'est ce contexte qui a servi de toile de fond à l'élaboration du Project for the New American Century en 1997. Ce projet préconisait une politique étrangère musclée — l'invasion de l'Irak y est évoquée — et très éloignée de celle que je défends dans ces lignes. Ses auteurs ont dès le départ exercé une influence notable sur l'actuelle administration Bush et sont parvenus à la dominer après le 11 septembre. Leur position l'a emporté à tel point que l'idée de l'Amérique comme leader d'une communauté de démocraties semble aujourd'hui relever de l'utopie. Pourtant, ce sont eux qui poussent cette vision aussi irréaliste que déplaisante : celle de la suprématie militaire absolue. L'idée d'établir une démocratie par l'effet des baïonnettes semble nettement plus chimérique que le projet de le faire grâce à des mesures coopératives et constructives.

Bien sûr, ma conception d'un leadership responsable assumé par l'Amérique n'est pas diamétralement opposé aux orientations adoptées par les tenants de la suprématie américaine. Les deux points de vue ont en commun le constat que les États-Unis ne peuvent éviter d'intervenir dans les affaires intérieures des autres pays, sauf que je prétends quant à moi qu'ils ne doivent le faire que pour des raisons légitimes. Or le reste du monde ne peut admettre la légitimité de la doctrine Bush, et c'est pourquoi elle me paraît tellement nuisible. Elle disqualifie les États-Unis comme champion de la communauté des démocraties avant même qu'ils n'envisagent de jouer ce rôle. Ainsi que me l'a appris mon expérience personnelle, il est difficile de favoriser une société ouverte, y compris avec les meilleures intentions du monde, mais cela devient pratiquement impossible dès lors que l'on projette l'image d'un pays qui se soucie exclusivement de ses propres intérêts. L'Amérique a perdu la respectabilité morale nécessaire à la défense d'un ordre mondial meilleur et des droits de l'homme universels. Elle ne la retrouvera qu'en rejetant le président Bush quand il se représentera aux élections de 2004 et en adoptant un rôle international marqué par une plus grande bienveillance à l'égard des autres.

DE LA SÉCURITÉ COLLECTIVE

Les problèmes de sécurité inquiètent actuellement, et à juste titre, l'opinion publique américaine. La menace terroriste est réelle, et on ne peut pas entièrement exclure l'éventualité que des armes chimiques, biologiques ou même nucléaires tombent dans les mains de fanatiques.

C'est sous l'angle de la sécurité collective qu'il convient de mener une réflexion sur ce problème. On ne peut aborder ni la question de la prolifération des armes nucléaires ni celle du terrorisme international sans coopération internationale. Et il incombe aux États-Unis, en tant que première puissance mondiale, d'en prendre l'initiative. C'est précisément parce que les États-Unis occupent cette place dominante que le terrorisme et les armes de destruction massive sont devenus des menaces pour leur sécurité nationale. La réponse la plus juste consisterait à renforcer avec d'autres pays les mesures de sécurité collective. La définition de sécurité collective donnée par Washington devrait être suffisamment large pour englober les actions de nature constructive et corrective évoquées précédemment. Le monde compte sur les États-Unis pour qu'ils assument ce type de leadership. Ils ont joué ce rôle par le passé, et c'est en partie parce qu'ils y ont actuellement renoncé que le courant anti-américain prend aujourd'hui une telle ampleur.

Pourtant, s'il faut effectivement renforcer les mesures de sécurité collective, elles ne doivent pas pour autant supplanter les mesures de sécurité nationale. Il y a deux raisons à cela. La première est qu'un tel changement n'aurait jamais la faveur de l'opinion publique américaine, la seconde étant l'existence à l'heure actuelle d'une aversion profonde pour les organismes et les traités internationaux. On conviendra que cette attitude de rejet est excessive. Elle a été encouragée par les tenants de la suprématie américaine, qui ont réussi à influencer l'opinion publique. Une équipe différente au pouvoir pourrait l'influencer dans un autre sens. Mais néanmoins, en raison de cet a priori négatif, il serait dangereux de vouloir subordonner les intérêts de la sécurité américaine aux institutions internationales.

Si les accords internationaux engagent des États souverains et si les États sont guidés par leurs propres intérêts, l'Amérique peut-elle leur confier sa sécurité ? Il ressort du postulat de l'inéluctable faillibilité humaine qu'aucun dispositif international n'est infaillible. Il existe toujours une possibilité que l'un des participants parvienne à se dérober aux règles communes et, dans ce cas, l'Amérique doit pouvoir s'appuyer sur ses propres moyens pour se défendre. Le risque de tricherie est d'autant plus grand que certains des autres acteurs sont moins démocratiques et moins ouverts que les États-Unis. Compte tenu de ce danger, les États-Unis sont eux aussi susceptibles de tricher. Rappelons qu'ils disposent de capacités en armes chimiques et biologiques plus importantes que tout autre État de la planète.

Pour autant, ce serait une erreur de faire cohabiter un multilatéralisme dénué de sens critique et l'unilatéralisme qui règne dans l'administration Bush. Non seulement cette confusion des genres ne convaincrait pas les électeurs américains, mais elle ne parviendrait pas à assurer la sécurité nationale du pays. Depuis l'effondrement de l'empire soviétique, et encore plus depuis l'attaque terroriste du 11 septembre, les menaces de sécurité auxquelles les États-Unis sont confrontés ont changé de caractère. Le pays n'a plus à craindre les armes conventionnelles de quelque État que ce soit, ni même de quelque coalition d'États que ce soit. En tant que seule superpuissance survivante, il jouit d'une supériorité incontestable qu'il pourrait d'ailleurs conserver à bien moindres frais qu'il ne le fait actuellement. Aujourd'hui, les États-Unis dépensent presque autant pour leur défense que tous les autres pays du monde réunis, et leur avance technologique est énorme. Les autres pays essaient, bien entendu, de rattraper l'Amérique du mieux qu'ils peuvent, et elle poursuit donc sa quête de perfectionnement technologique pour rester en tête. Il s'agit là d'une course aux armements où les concurrents sont inégaux et qu'il serait utile de ralentir au moyen d'un accord international. Le respect d'un tel accord pourrait faire l'objet de contrôles rigoureux et, au moindre signe d'infraction, la course aux armements pourrait reprendre. Dans ce domaine, les États-Unis sont en mesure de dicter les conditions qui leur conviennent, mais leur état d'esprit les en empêche : aucune concession ne les satisfera puisque, sous l'influence des extrémistes, ils ne veulent pas entendre parler d'accords internationaux.

11

LA BULLE DE LA SUPRÉMATIE AMÉRICAINE

On aura deviné, à la lecture des dernières phrases du chapitre précédent, que, sur le plan politique, je suis moi-même devenu plutôt extrémiste. C'est pour moi une expérience inédite. Autrefois, je me trouvais quelque part entre les deux grands partis de l'échiquier américain, conscient des côtés positifs et négatifs de l'un et l'autre et ne penchant que légèrement en faveur des Démocrates. Aujourd'hui encore, je reste relativement impartial, puisque je trouve beaucoup à redire à la direction du parti démocrate. Je n'ai jamais considéré que l'issue des élections américaines était une question de vie ou de mort… du moins jusqu'à présent.

J'attribue ce changement non pas à quelque bizarrerie qui serait soudainement apparue dans mon caractère, mais à la mutation qualitative du rôle que jouent les États-Unis dans le monde. J'estime que mon pays a tourné le dos aux conditions de l'équilibre et qu'il s'enfonce actuellement dans un territoire loin de l'équilibre.

Pour expliquer le sens de cette affirmation, je dois évoquer la théorie que j'ai élaborée pour analyser la Bourse. Je pense que la quête de suprématie américaine dans laquelle l'administration Bush est actuellement lancée ressemble aux cycles essor-effondrement que connaissent les marchés financiers et qui se manifestent notamment par des bulles spéculatives. Je sais pertinemment que cette comparaison est marquée au sceau de la métaphore, de la fiction féconde, mais elle mérite néanmoins d'être développée, car elle apporte un éclairage nouveau sur la situation fâcheuse dans laquelle nous nous trouvons. L'Amérique s'est embourbée en Irak. Comment se fait-il ? L'analogie avec les cycles économiques apporte un début d'explication.

Le plus important à comprendre au sujet des bulles financières est qu'elles ne surgissent pas du néant. Elles ont une base solide dans la réalité, mais, dans l'esprit des acteurs, cette réalité apparaît de façon déformée en raison d'une conception erronée. Comme je l'expliquerai plus amplement dans l'annexe, il existe une contradiction inévitable entre les choses telles qu'elles sont véritablement et l'idée que l'on s'en fait. Normalement, un processus d'autocorrection maintient cette contradiction dans les limites de l'acceptable : on remarque que les résultats ne correspondent pas aux prévisions et on modifie celles-ci en conséquence. Ce sont là ce que j'appelle des conditions proches de l'équilibre. Il y a cependant des occasions où une tendance qui se manifeste dans le réel est amplifiée par une croyance ou une conception erronée qui a cours sur les marchés, et inversement. Il s'enclenche alors un cycle essor-effondrement dans lequel l'interprétation et la réalité sont toutes deux propulsées dans un territoire loin de l'équilibre.

Arrive enfin le jour où l'écart entre réalité et fausse interprétation devient intenable, et la bulle éclate. C'est ce qui s'est passé sur le marché des valeurs des technologies de l'information. Les progrès technologiques étaient tout à fait réels ; c'est juste que l'on avait beaucoup exagéré leur importance. Cette exagération a donné dans un premier temps un coup de fouet à l'innovation, mais la dynamique ne pouvait pas s'entretenir indéfiniment d'elle-même. En l'occurrence, la phase d'expansion a duré plus longtemps que moi-même et bien d'autres « experts » ne l'avions pronostiqué. La contraction qui a suivi n'en a été que plus brutale.

Ce n'est que rétrospectivement que l'on peut situer le point où le cycle économique sort du cadre de la normalité et entre dans le territoire loin de l'équilibre. Pendant la phase de croissance « autonome », les acteurs du marché se laissent tellement entraîner par l'euphorie collective qu'ils ne s'aperçoivent même pas de l'écart grandissant entre leurs convictions et la réalité. Leurs idées erronées seront éventuellement testées, et pour peu que la tendance haussière résiste à l'épreuve, elles en sortiront renforcées. Cette confirmation des illusions creusera encore l'écart et préparera le terrain pour l'inévitable retournement de la conjoncture. Mais gardons-nous de conclure au caractère inexorable de ce scénario, car on peut faire avorter à tout moment un cycle essor-effondrement et donc atténuer ou même éviter entièrement ses effets pervers. Il faut se rappeler que peu de bulles financières atteignent les niveaux de folie qu'ont connus les valeurs technologiques jusqu'en 2000. Plus le processus avorte de bonne heure, mieux c'est.

J'estime que la quête actuelle de suprématie américaine mérite bel et bien le nom de bulle. Il y a une réalité à la base : les États-Unis occupent effectivement la première place dans le monde. Mais il y a aussi un parti pris, une interprétation erronée de cette réalité. C'est, comme je l'ai déjà dit, un darwinisme social sommaire qui réduit la vie à une lutte pour la survie dont l'issue dépendrait entièrement de la concurrence, la coopération n'y jouant aucun rôle. Dans l'économie, la concurrence oppose des entreprises, dans l'arène internationale, des États. L'Amérique a clairement démontré à ce jour qu'elle est le concurrent le plus apte. On peut donc parler d'une influence réciproque entre idéologie dominante et réalité sous-jacente, d'un cercle non vicieux qui a renforcé l'un et l'autre. La déformation de la réalité n'est devenue apparente que lorsque l'élection de George W. Bush a porté au pouvoir un groupe d'idéologues croyant à la recherche de l'hégémonie américaine par voie militaire. C'est à partir de là que la recherche de l'intérêt personnel a commencé à déraper. Jusqu'alors, le mécanisme d'autocorrection et d'équilibre autonome avait fonctionné de façon satisfaisante. Ce sont les événements du 11 septembre qui ont permis aux adeptes de la suprématie américaine d'entraîner derrière eux le pays tout entier. Et c'est avec l'invasion de l'Irak que les États-Unis sont entrés dans le territoire loin de l'équilibre.

C'est une chose de donner libre cours aux activités commerciales, c'en est une autre de déchaîner la force militaire. Les liens entre monde de l'entreprise et pouvoir militaire n'est pas un phénomène nouveau, et il a toujours été suspect. On sait que cette cohabitation risque de corrompre l'un et l'autre. Historiquement, les États-Unis ont été relativement épargnés par ce problème, ne serait-ce que parce qu'ils ont longtemps limité les dimensions de leurs forces armées. Ce n'est qu'à l'issue de la Seconde Guerre mondiale que la situation a changé, et le président Eisenhower eut à l'époque la lucidité de mettre en garde contre les dangers du complexe militaro-industriel. Dans d'autres pays, les liens entre grand capital et armée ont été bien plus poussés. Ils étaient indéniablement forts dans l'Allemagne et le Japon d'autrefois, où ils comptent parmi les origines du fascisme.

Comme nous l'avons vu, les signataires néoconservateurs du Project for the New American Century plaident depuis des années pour une augmentation du budget de la défense, et nombre d'entre eux ont des liens déjà anciens avec les secteurs de l'armement et du pétrole. Ainsi, Richard Perle, qui ne percevait pas de salaire en tant que président du Conseil politique du Pentagone (Defense Policy Board), gagnait en revanche des sommes considérables comme conseil en gestion d'entreprise. Dick Cheney, de son côté, avant d'accéder à la vice-présidence du pays, était le patron de Halliburton, société de services pétroliers dont les contrats lucratifs avec l'Irak sont bien connus. Je ne prétends pas que l'idéologie des néoconservateurs repose sur des calculs vénaux — je ne suis pas néomarxiste —, mais le rapport réflexif entre les deux dimensions me paraît tout de même incontestable.

Ce rapport réflexif était longtemps resté dans les limites du normal, comme en témoigne le mal qu'ont eu les néoconservateurs à faire adopter leur programme avant les attentats contre le World Trade Center. Et en dépit de leur détermination à créer une nette rupture dans la politique étrangère américaine (tout sauf Clinton !), Colin Powell, chef du département d'État, avait réussi à assurer une grande continuité.

C'est là qu'intervient la tragédie du 11 septembre, et c'est de là que date le glissement de l'Amérique dans le territoire loin de l'équilibre. J'espère avoir bien montré que c'était moins l'attaque terroriste en soi que la réaction de l'administration Bush qui a créé une situation anormale. Le président a déclaré la guerre au terrorisme et, grâce au trait d'union qu'il a tiré entre terrorisme et armes de destruction massive, il a obtenu le soutien de la population pour envahir l'Irak. Les forces d'occupation sont devenues depuis une cible de choix pour les terroristes : c'est l'enlisement.

L'opinion américaine ne se rend pas compte que la guerre contre le terrorisme et l'invasion de l'Irak ne convenaient pas du tout comme riposte. Aujourd'hui encore, nombreux sont ceux qui estiment que le 11 septembre rend justifiables des comportements qui d'ordinaire seraient jugés inadmissibles. Les idéologues de la suprématie américaine et le président Bush lui-même ne cessent de nous rappeler que le 11 septembre a changé le monde. Ce n'est qu'à présent, alors que les conséquences funestes de l'invasion de l'Irak apparaissent au grand jour, que les Américains commencent à se dire que les projets de leur gouvernement ont décidément mal tourné.

Les États-Unis sont tombés dans un piège. Le principe de tout piège est de faire en sorte que la victime s'y empêtre, d'où la nécessité de garder la tête froide pour s'en extirper. Si, sur le coup, la motivation des kamikazes des tours jumelles a pu paraître incompréhensible, nous commençons rétrospectivement à entrevoir la vérité : ils voulaient que l'Amérique réagisse comme elle l'a fait. Peut-être avaient-ils une meilleure compréhension de ce pays que ses habitants eux-mêmes…

Étant convaincu de l'inéluctable faillibilité humaine, j'hésite à créditer quiconque d'une clairvoyance trop grande. Et pourtant, j'arrive avec le recul à deviner les vagues contours d'un vaste plan ourdi par un génie diabolique appelé Ben Laden. Notre civilisation est, de son point de vue, dégénérée. Riche et puissante, elle est néanmoins dépourvue de foi authentique. Il faut donc la détruire pour permettre à la vraie foi de triompher. Et le moyen d'y parvenir est d'exploiter sa faiblesse : la peur de la mort. Cette civilisation ripostera en distribuant aveuglément des coups contre un ennemi qui lui échappe. Mais puisque les auteurs des attentats demeurent invisibles, cette riposte irréfléchie ne pourra que faire des victimes innocentes. Celles-ci seront musulmanes, et cela contribuera à une radicalisation de l'islam conduisant ainsi à un affrontement général avec l'Occident. Et malgré la supériorité matérielle de celui-ci, l'islam l'emportera, car il bénéficie d'un avantage concurrentiel de taille : ses adeptes ne craignent pas la mort.

J'ai déjà dit que, contrairement à la population, qui a réagi instinctivement, les partisans de la suprématie américaine qui entourent le président Bush avaient eux aussi un plan grandiose. Ils l'ont apporté dans leur serviette quand ils sont entrés en fonction, puis ils l'ont adapté à la nouvelle situation créée par les attentats. En un mot, ils ont exploité à leurs propres fins la réaction instinctive de la population. Mais ils n'ont pas prévu les conséquences fâcheuses de leur politique. Jugée selon ses propres critères, la quête de suprématie américaine menée par l'administration Bush a lamentablement échoué. Les événements ont jusqu'ici réalisé et même dépassé les espoirs les plus fous de Ben Laden. Les tours jumelles du World Trade Center se sont effectivement écroulées, ce qui a rendu l'attaque encore plus spectaculaire que l'on n'aurait osé prévoir. Puis le président Bush a réagi en déclarant la guerre au terrorisme. Le vrai Ben Laden s'attendait sûrement à une contre-attaque en Afghanistan : c'est pour cela qu'il a fait assassiner Ahmed Shah Massoud, le seul commandant capable de monter une offensive sérieuse contre les talibans, l'avant-veille du 11 septembre. En revanche, l'invasion de l'Irak a été un cadeau inespéré. Les soldats américains sur le sol arabe fonctionnent comme un aimant qui attirent du monde entier les terroristes entraînés par Al-Qaida. Des cellules dormantes se raniment. Quelque 3 000 personnes ayant des liens avec l'organisation de Ben Laden auraient récemment disparu d'Arabie saoudite ; gageons que certaines d'entre elles sont aujourd'hui actives en Irak. Le président Bush a raison quand il affirme que l'Irak est devenu le principal front de la guerre contre le terrorisme. Volontairement ou non, il a fait le jeu des terroristes.

Les deux grands projets ont des points communs avec la bulle boursière : ils se renforcent au départ, mais ils sont tôt ou tard voués à causer leur propre défaite, car ils reposent sur une mauvaise interprétation de la réalité. Un examen plus poussé de ces projets conforte cette hypothèse. Un Américain n'a pas de mal à voir l'absurdité du projet d'Al-Qaida, qui consiste à sauvegarder la pureté de l'islam par le biais du terrorisme, encore qu'il serait tenté de le qualifier de maléfique plutôt que d'erroné, et avec raison : que pourrait-il y avoir de pire que de tuer des innocents au nom de la religion ?

Il aura peut-être plus de difficultés à comprendre combien il est absurde de rechercher la suprématie américaine par des moyens militaires, car les Américains ont appris à compter sur la puissance des armes et ils éprouvent d'autant plus le besoin d'y recourir que leur existence semble menacée. Ils n'ont pas l'impression d'être guidés par une idéologie : ils estiment que leur pragmatisme les met à l'abri d'errements de ce type. Il n'empêche : l'idéologie est parvenue à acquérir une influence démesurée sur la prise de décisions politiques aux États-Unis, et la contradiction entre la situation réelle et l'idée que l'on s'en fait est devenue flagrante. Cela n'aurait jamais pu se produire en l'absence d'un processus qui s'est renforcé lui-même et s'est progressivement amplifié au fil des ans.

Et c'est effectivement ce qui s'est passé. Dès lors que l'intégrisme des marchés s'est allié au fondamentalisme religieux, il a réussi à s'emparer du pouvoir au sein du Parti républicain. L'idéologie du darwinisme social a tiré une vigueur nouvelle de la mondialisation, puis de l'effondrement du système soviétique. Mais ce n'est qu'avec l'élection de George W. Bush que le pragmatisme des réalistes géopolitiques a cédé devant le zèle révolutionnaire des croisés de la suprématie américaine, et ce n'est que depuis le 11 septembre que ces derniers ont pris le dessus.

Il ne faut pas cependant pousser trop loin l'analogie avec la bulle financière, car les concordances entre les deux phénomènes restent forcément imparfaites. Mais si on la considère comme une fiction féconde, elle peut stimuler utilement la réflexion.

Aux débuts d'une bulle, l'absurdité de leurs convictions échappe aux participants : au contraire, la réalité semble confirmer tout ce qu'ils pensent. Ce n'est que par la suite qu'ils remarquent la divergence entre leurs prévisions et l'évolution réelle des choses. Vient alors l'heure de vérité, suivie d'une inversion de tendance. Ce revirement à la baisse, une fois qu'il se produit, se renforce lui-même et, dans le cas d'une bulle très gonflée, peut faire des dégâts considérables.

Rappelons-le : il n'y a pas de prédestination dans ce domaine. Un cycle essor-effondrement peut être stoppé à tout moment, le plus tôt étant toujours le mieux. Les cours boursiers subissent tous les jours des fluctuations aléatoires qui ne font pas de mal. Ce n'est que lorsque l'esprit critique s'endort, ou se laisse étouffer, que l'interaction réflexive entre la réalité et son interprétation risque de se dérégler. C'est ce que nous avons vécu à la suite du 11 septembre.

Où en sommes-nous donc dans ce processus réflexif ? Nous nous trouvons soit à l'heure de vérité, soit devant une épreuve qui, si elle est surmontée par le président Bush, renforcera la tendance actuelle. Il faudra attendre l'élection présidentielle pour savoir laquelle de ces deux hypothèses est la bonne.

Le bourbier irakien devrait normalement servir de révélateur. Pour justifié qu'ait été le renversement de Saddam Hussein, il paraît indubitable aujourd'hui que les États-Unis ont envahi l'Irak sous des prétextes fallacieux. Volontairement ou pas, le président Bush a trompé le peuple et le Congrès américains en même temps qu'il a écarté avec dédain les objections de ses alliés étrangers. L'écart entre le scénario prévu par l'administration et la situation réelle pourrait difficilement être plus grand. Le côté aberrant de la prétendue guerre contre le terrorisme a été largement démontré sur le terrain en Irak. Les soldats américains sont condamnés à faire la police et à mourir. Cette politique a mis en péril non seulement leur vie, mais aussi la capacité des troupes américaines à intervenir sérieusement[1]. Ayant trop sollicité leurs forces armées, les États-Unis ont fini par se priver des moyens de projeter leur puissance dans le monde. Et pourtant, le nombre d'endroits où il faudrait la projeter n'a jamais été aussi grand. La Corée du Nord poursuit au vu et au su de tous son programme nucléaire, cependant que l'Iran, lui, le fait clandestinement. Parallèlement, les talibans se regroupent dans les zones pachtounes d'Afghanistan. Les coûts de l'occupation et la perspective d'une guerre sans fin pèsent beaucoup sur l'économie américaine, alors qu'une multitude de problèmes dont personne ne s'occupe continuent de couver, à l'intérieur comme à l'extérieur des États-Unis. Si l'on avait encore besoin d'une preuve de la folie qui anime les adeptes de la suprématie américaine, le bourbier irakien l'a bien apportée.

Malheureusement, le réseau de Ben Laden, lui, n'a toujours pas atteint son heure de vérité. Grâce à la réaction américaine, son plan grandiose se trouve encore dans la phase où il se renforce lui-même. Loin d'avoir contenu la menace terroriste, la guerre contre le terrorisme l'a au contraire aggravée. L'Amérique s'est empêtrée en Irak et elle aura du mal à s'en dégager. Se retirer purement et simplement n'est pas envisageable : ce serait donner un triomphe facile aux terroristes et faire des dégâts irréparables à la crédibilité internationale des États-Unis. Sachons toutefois que des voix de plus en plus nombreuses ne manqueront pas de réclamer un tel retrait. Un revers catas-

1. Pour une analyse convaincante de ce problème, voir Wesley Clark, *op. cit.*

trophique semblable à celui qui s'est produit au Vietnam n'est pas à exclure.

Quelle sera donc la prochaine étape ? Comme je ne cesse de le répéter, l'Histoire n'est jamais écrite d'avance. Je vois pour ma part plusieurs scénarios possibles. Dans l'un, l'administration Bush tient bon et finit même par stabiliser la situation en Irak. Dans un autre, elle reconnaît ses erreurs et s'efforce de les corriger en se débarrassant des croisés de la suprématie américaine qui ont élu domicile au Pentagone. Je soupçonne toutefois que le scénario le plus vraisemblable se situera quelque part entre ces deux extrêmes. Le président Bush essaiera tant bien que mal de se tirer d'affaire en obtenant une plus grande participation des Irakiens ainsi que des Nations unies. Comme le veut la tradition américaine, l'issue des élections ne dépendra pas des questions de politique étrangère. L'Afghanistan aura déjà disparu de l'écran radar et, si le gouvernement parvient à voiler à l'opinion publique la situation véritable en Irak, George W. Bush a des chances d'être réélu. Il pourra alors tirer les leçons de ses égarements antérieurs et renouer avec la continuité que Colin Powell avait cherché à préserver.

Un seul ennui : ce dernier scénario n'est guère réaliste. L'Amérique s'est trop enfoncée dans le territoire loin de l'équilibre pour pouvoir revenir au *statu quo ante.* Sa réputation internationale a été trop écornée et l'opposition à sa politique a pris trop d'ampleur, non seulement en Irak mais aussi dans le monde entier. Tous les autres problèmes de la mondialisation capitaliste que l'administration Bush a voulu balayer continueront de leur côté à faire irruption.

Un troisième scénario a ma faveur, et il passe par un effort pour repenser en profondeur le rôle de l'Amérique dans le monde tel que je l'ai esquissé dans ces pages. Il suppose non seulement le rejet du président Bush, mais aussi l'adoption d'une vision plus positive. Il ne sera pas aisé de convaincre le reste du monde que l'Amérique a réellement changé — souvenons-nous de la méfiance que Gorbatchev n'a jamais réussi à vaincre —, mais il faudra essayer de le faire si l'on veut sortir du cercle vicieux des violences sans fin.

ÉPILOGUE

PENDANT la rédaction de ce livre, entre juin et octobre 2003, les événements ont suivi la trajectoire d'un cycle expansion-récession classique. On peut désormais affirmer que le lendemain de l'invasion de l'Irak a été l'heure de vérité plutôt qu'une épreuve surmontée qui aurait renforcé la tendance en cours. La recherche de suprématie américaine par l'administration Bush apparaît à présent sous ses vraies couleurs : celles d'une dangereuse aberration. La chance est en train de tourner. Nombre de ceux qui se sont rassemblés autour du président à la suite des attentats du 11 septembre commencent à se rendre compte de la supercherie dont ils ont été les victimes. Leur allégeance inconditionnelle se mue en colère. Le taux d'avis favorables à M. Bush dans les sondages avoisine encore les 50 %, mais, d'ici à la fin du processus, il risque de chuter aussi vertigineusement qu'il n'était monté. Sur la base de mon modèle de l'alternance entre phases d'expansion et phases de récession, je suis sûr qu'il sera vaincu en 2004 — sous réserve de toutes les restrictions qu'il convient d'appliquer à ce modèle[1].

Raison de plus pour bien retenir le message principal de ce livre : il ne suffit pas de rejeter le président sortant lors

1. Je n'ai émis un pronostic inconditionnel qu'une seule fois auparavant, en 1997, lors que j'ai prédit l'effondrement du système capitaliste mondial. J'ai dû par la suite m'en mordre les doigts. Cette fois-ci, je ferai tout mon possible pour que l'inévitable se produise réellement.

des élections ; les Américains doivent aussi répudier la doctrine Bush et adopter une vision plus éclairée de la place de leur pays dans le monde. Si la présidence de George W. Bush a effectivement été une aberration, il faut en tirer les enseignements. Une société ouverte progresse à coups d'essais et d'erreurs. Le revers que les États-Unis viennent d'essuyer ne souligne-t-il pas la nécessité de prendre le chemin de la coopération internationale et de la politique constructive ?

ANNEXE : MON CADRE CONCEPTUEL

LA RÉFLEXIVITÉ

Mon point de départ est que notre compréhension du monde dans lequel nous vivons est fondamentalement imparfaite. Énoncée aussi crûment, cette remarque à l'air d'un lieu commun, et ce n'est que lorsque l'on prend toute la mesure de ses conséquences qu'elle devient une idée.

Quand je dis que notre compréhension du monde est fondamentalement imparfaite, je me réfère avant tout aux situations sociales auxquelles nous participons, par opposition aux phénomènes naturels qui se produisent indépendamment de ce que nous pensons, même si ce postulat s'étend aussi à la compréhension générale de la réalité comme un tout, objet traditionnel de la spéculation philosophique.

Notre participation fait obstacle à notre capacité d'atteindre la connaissance. La connaissance exige des énoncés vrais, et les énoncés vrais doivent correspondre aux faits. Les faits doivent, de leur côté, être indépendants des énoncés portant sur eux si l'on veut que ces faits servent de critère à l'aune duquel la vérité ou la validité des énoncés seront jugées. Quoiqu'on dise, le fleuve coulera toujours vers l'océan. Mais les situations dans lesquelles il y a des êtres doués de réflexion ne se résument pas à ces données : elles comprennent aussi des événements influencés par la réflexion des participants. Ce sont dans une large mesure mes paroles ou mes actes qui déterminent si vous êtes mon ennemi ou pas.

En tant qu'êtres doués de réflexion, nous sommes capables d'influencer la situation à laquelle nous prenons part ; par conséquent, la situation ne peut servir de critère indépendant pour juger de la validité de notre interprétation. Même si nos pensées ou nos énoncés parviennent à correspondre aux faits, cette correspondance ne garantit en rien leur vérité dans la mesure où elle est peut-être le résultat de notre capacité à influencer la situation plutôt que de notre capacité à voir la vérité. En l'absence d'un critère indépendant, notre entendement ne peut jamais prétendre complètement au titre de connaissance.

Cela dit, la connaissance n'est pas entièrement hors de notre portée. Nous pouvons émettre des énoncés vrais sur des situations auxquelles nous ne participons pas et, même en ce qui concerne la compréhension de notre propre situation, nous pouvons nous approcher plus ou moins de la vérité. Néanmoins, il y aura toujours une divergence entre la réalité et notre conception du monde et cette divergence fait, en tant que telle, partie de la réalité. Voilà ce qui rend la réalité si compliquée. Elle dépassera à jamais notre entendement complet. La réalité est une cible mouvante qui demeurera toujours un peu inaccessible. Entre participation et compréhension, il y a une interférence qui garantit que notre entendement restera fondamentalement imparfait et que nos actions auront des conséquences que nous n'avons pas voulues. J'appelle *réflexivité* le mouvement à double sens qui relie la pensée et la réalité, et c'est la clé de voûte de mon cadre conceptuel.

L'INÉLUCTABLE FAILLIBILITÉ HUMAINE

Dans son ouvrage *la Logique de la découverte scientifique*[1] et dans d'autres écrits, Karl Popper avance que même la connaissance scientifique ne peut prétendre au titre de vérité définitive. Les théories scientifiques ne peuvent être confirmées une fois pour toutes : elles sont de nature hypothétique et, même quand elles sont corroborées par des expériences, elles ne doivent être acceptées que provisoirement comme vraies dans la mesure où aucune preuve ne peut exclure la possibilité qu'une preuve contradictoire apparaîtra un jour. Il existe une asymétrie entre vérification et invalidation (c'est-à-dire réfutation) qui fait que la vérité ultime demeure pour toujours hors de notre portée.

Je considère la découverte de cette asymétrie comme la principale contribution de Popper à la philosophie. Elle résout le problème autrement insoluble de l'induction, à savoir, comment peut-on utiliser le fait que le soleil se lève toujours à l'Est pour prouver qu'il en sera toujours ainsi ? La solution de Popper consiste à éliminer le besoin de vérification en affirmant que tout énoncé universel scientifique n'est que provisoirement vrai, puisqu'il demeure « falsifiable » — c'est-à-dire réfutable — par l'expérience. Un énoncé universel ne peut être qualifié de scientifique que s'il est possible de le soumettre à l'expérience.

Dans mon travail, j'ai transposé l'appareil conceptuel de Popper hors du champ de la méthode scientifique. Je l'ai appliqué à des situations sociales et j'ai mis au point une hypothèse plus radicale que la sienne. Popper affirme que

1. *La Logique de la découverte scientifique*, Payot, 1973.

nous avons peut-être tort ; je prétends pour ma part que, en tant que participants, nous avons forcément tort, bien que l'étendue et la nature de notre méprise puissent varier. C'est ce que j'appelle le *postulat de l'inéluctable faillibilité humaine.*

J'associe à ce postulat un autre concept que j'appelle la *fiction féconde.* Nous pouvons partir d'une idée valable et chercher à l'appliquer par extrapolation à des domaines auxquels elle ne s'applique pas. Par exemple, comme les sciences naturelles ont produit des résultats impressionnants, nous avons utilisé leurs méthodes et leurs critères pour étudier les phénomènes sociaux. Pourtant, ceux-ci diffèrent des phénomènes naturels dans la mesure où ils mettent en scène des participants qui pensent et qui fondent leurs décisions sur un entendement imparfait. D'où le caractère trompeur de cette méthode — qui a fait des merveilles dans l'étude de la nature — dès lors qu'on l'applique au champ social. C'est en pareil cas que l'on peut assimiler la méthode scientifique à une fiction féconde.

D'un autre côté, l'attrait d'une idée ne dépend pas nécessairement de sa validité. Par exemple, les sociétés primitives prêtent un esprit aux objets inanimés et rendent les mauvais esprits responsables des maladies. Nous savons que ces idées sont fausses selon des critères scientifiques, mais cela ne convaincra pas ceux qui y adhèrent. Il en va de même pour la mythologie. Les religions ne satisfont que les croyants, pas les agnostiques. De la même façon, certaines perceptions ou formes d'expression peuvent stimuler l'imagination artistique, mais l'idée qui les sous-tend finit par s'épuiser. Il arrive ainsi que les défauts d'une idée répandue suscitent l'émergence d'une autre idée qui en prend le contre-pied. L'intégrisme des marchés n'a-t-il pas tiré sa force des échecs du socialisme ? Je considère que notre civilisation dans sa totalité est le produit de fictions fécondes. Je me rends compte, bien sûr, que cette idée est, dans le meilleur des cas, une fiction féconde.

LA SOCIÉTÉ OUVERTE

En tant que participants à une situation sociale donnée, nous devons avoir certaines croyances sur lesquelles fonder nos actes. Mais sur quelle base agir si nous admettons la possibilité que nos croyances sont des représentations fausses ou incomplètes de la réalité ? La réponse est la même que celle que Popper a donnée pour la méthode scientifique : nous devons considérer nos croyances comme provisoirement vraies, tout en acceptant de les exposer sans cesse à l'examen critique. C'est le principe fondateur d'une société ouverte.

Une société ouverte reste ouverte aux améliorations. Elle se fonde sur la reconnaissance du fait que les individus ont des conceptions et des intérêts divergents et que nul ne détient la vérité suprême. Par conséquent, chacun doit jouir de la liberté la plus grande pour agir comme il l'entend dans son intérêt, pour autant que cet intérêt s'accorde avec celui d'autrui. Une société ouverte a besoin d'institutions qui permettent aux individus d'avis et d'intérêts différents de coexister en paix. Le marché donne à ces individus les moyens de s'occuper de leurs intérêts *particuliers* à travers le libre échange avec d'autres, mais il n'est pas à même de prendre en charge les intérêts *collectifs* comme le maintien de la paix, la protection de l'environnement ou l'entretien des mécanismes mêmes du marché. Ces intérêts collectifs exigent des institutions politiques, et c'est là que le dilemme de la faillibilité se fait sentir. Il est nécessaire de prendre des décisions, mais, comme elles peuvent être fausses, il faut un mécanisme pour les corriger. Et, puisque la perfection est inaccessible, il doit y avoir un mécanisme de correction du mécanisme, et ainsi de suite *ad infinitum.*

Il est impossible de résoudre le dilemme de la faillibilité. Ceux qui prétendent avoir trouvé la solution ultime ont forcément tort. Ils ne peuvent imposer leurs idées qu'en réprimant les idées concurrentes et en détruisant ce qu'il y a de plus précieux dans une société ouverte : la liberté de pensée, d'expression et de choix. Les limites exactes de cette liberté ne sauraient être définies dans l'abstrait ; la décision appartient à ceux qui vivent dans la société ouverte. Il n'y a pas de modèle unique d'organisation sociale à suivre.

LE PRINCIPE D'INCERTITUDE APPLIQUÉ À L'HOMME

La faillibilité concerne non seulement notre réflexion, mais également la réalité que nous tentons de comprendre. Les fictions fécondes peuvent fortement contribuer à façonner le monde dans lequel nous vivons. Ainsi, l'Histoire a été profondément marquée par les hérésies religieuses au Moyen Âge, ou par le conflit entre capitalisme et communisme pendant la guerre froide. Beaucoup des idées et des institutions sur lesquelles nous ne nous posons jamais de questions ne résisteraient pas à un examen critique. Sous l'influence des sciences naturelles, nous en sommes venus à penser la réalité comme si elle était parfaitement constituée, dans le sens qu'elle obéirait à un ensemble de règles ayant une certaine cohérence interne. Mais, si cette conception semble valable pour les phénomènes naturels, on ne saurait l'appliquer aux situations dont des participants doués de réflexion sont l'une des composantes.

L'inéluctable faillibilité de ces derniers introduit un élément d'incertitude dans les situations auxquelles ils participent. Je l'appelle le *principe d'incertitude appliqué à l'homme.* C'est le même que le principe d'incertitude dans la physique quantique, avec une touche supplémentaire : la découverte du principe d'incertitude de Heisenberg — l'impossibilité de mesurer précisément à la fois la position de l'électron et son mouvement — n'a pas changé d'un iota les particules élémentaires, alors que, dans les sciences sociales, la découverte ou l'introduction d'un nouvel énoncé universel peut modifier le comportement des participants humains. La théorie de Marx en est l'exemple le plus frappant, et c'est celui que Karl Popper avait à l'esprit en écrivant *La Société ouverte et ses ennemis.* Marx essaya d'influencer le cours de l'Histoire en prétendant le prédire. Mais ce n'est là qu'un exemple parmi tant d'autres. L'économie néoclassique, avec sa main invisible, reproduit cette même ambiguïté. D'un côté, elle se veut une théorie scientifique et, de l'autre, elle a eu un impact considérable sur le fonctionnement du système capitaliste mondial tel qu'il existe aujourd'hui[1]. Si l'intérêt collectif,

1. Signalons, entre parenthèses, que l'analyse de la mondialisation contenue dans le *Manifeste communiste* de Marx et Engels, publié en 1848, est intéressante à lire aujourd'hui. Même chose en ce qui concerne *la Grande Transformation* de Karl Polanyi, Paris, Gallimard, 1983.

affirment ses tenants, est mieux assuré par des individus qui se soucient de leur intérêt privé, il faut alors, au nom de cet intérêt collectif même, libérer les participants du marché de toute ingérence de l'État, ou pis encore, d'une autorité internationale. C'est là le principe d'orientation de la mondialisation.

L'idéologie de la suprématie américaine défendue par le courant dominant au sein de l'administration Bush correspond également à ce schéma. Dans l'une des présentations les plus cohérentes de cette doctrine, le néoconservateur Robert Kagan avance que la divergence entre l'Europe et l'Amérique en matière de recours à la force trouve sa source dans les faits : l'Europe est faible et l'Amérique est forte. Voilà ce qui pousse l'Europe à privilégier la coopération internationale, tandis que l'Amérique doit se doter d'une politique étrangère musclée. « Les Américains, résume-t-il, sont de Mars et les Européens sont de Vénus [1]. » On notera que Robert Kagan et ses compagnons de route intellectuels s'appuient sur une argumentation néomarxiste : les conditions matérielles déterminent la superstructure idéologique. Leur objectif ressemble assez, du reste, à celui que s'était fixé Marx lui-même : ils cherchent à peser sur les choix politiques et, pour autant qu'ils y parviennent, à justifier après coup leur démarche. Leur réussite a quelque chose de remarquable. Le marxisme n'est plus en odeur de sainteté, et pourtant, Robert Kagan, malgré les fondements néomarxistes de ses raisonnements, se fait applaudir partout, tandis que l'Amérique est engagée dans une

1. Robert Kagan, *Of Paradise and Power : America and Europe in the New World Order*, Alfred A. Knopf, New York, 2003. Traduction en langue française : *La Puissance et la faiblesse*, Plon, 2003.

recherche stérile et pernicieuse de la suprématie, drapée d'une argumentation d'apparence respectable.

Le néomarxisme, le néoconservatisme et l'intégrisme des marchés souffrent tous du même défaut : ils sont enracinés dans la science du XIXe siècle, qui avait une conception déterministe du monde. Selon Charles Darwin, la lutte pour la survie dicte l'évolution des espèces. Karl Marx postulait pour sa part que les conditions matérielles déterminent en dernière instance la superstructure idéologique, c'est-à-dire que l'idéologie dominante n'est que le reflet des intérêts de la classe dominante. Les économistes néoclassiques, quant à eux, expliquent que la recherche illimitée de l'intérêt personnel conduit à un équilibre qui assure la distribution la plus efficace des ressources. L'amalgame de ces trois idées a engendré une idéologie qui marie croyance dans le marché et croyance dans l'hégémonie des États-Unis : ceux-ci ont triomphé dans la lutte pour la survie en donnant toute latitude aux forces du marché, et leur réussite les oblige pratiquement à imposer leurs idées et leurs intérêts au reste du monde.

Pourtant, depuis le XIXe siècle, la science a fait bien du chemin. Elle n'a plus une conception déterministe de l'univers, et elle sait que la survie du plus apte ne dépend pas exclusivement de la compétition. De même, les idées d'un individu ne sont pas déterminées par ses seuls intérêts matériels, pas plus que les marchés financiers ne tendent à l'équilibre. Une idéologie de la suprématie américaine dont les origines se trouvent dans Darwin et Marx est donc à la fois désuète et fallacieuse. Elle ignore le principe d'incertitude appliqué à l'homme et le postulat de l'inéluctable faillibilité humaine, soubassement de toute société ouverte.

Par souci de cohérence, je dois souligner que les théories fondées sur le principe d'incertitude appliqué à l'homme ne peuvent qu'être imparfaites : sinon, elles invalideraient le principe. Elles ont donc le défaut inhérent de ne pas produire de prédictions inconditionnelles. Mais ce qui leur permet de se rapprocher davantage d'une représentation vraie de la réalité que les théories déterministes est qu'elles s'abstiennent d'émettre de fausses affirmations et qu'elles acceptent de se transformer à la lumière de l'expérience. Une société ouverte est plus ouverte aux perfectionnements qu'une société fermée. Ainsi, mon concept de fiction féconde ne prétend pas être autre chose… qu'une fiction féconde.

Dès lors que nous admettons le caractère inévitablement défectueux de notre entendement, il devient primordial de connaître l'étendue de notre méprise. Cette idée m'a conduit à prendre au sérieux toutes les opinions sur toutes les questions. Je me méfie particulièrement de la volonté de déformer la réalité que je devine chez ceux qui brandissent des expressions comme « guerre contre le terrorisme » ou « armes de destruction massive », sans parler de formulations encore plus tendancieuses comme « avortement par naissance partielle » ou « impôt sur la mort[1] ». Mais même quand ces tentatives de manipulation réussissent, il y a nécessairement un écart entre résultats et intentions. L'invasion de l'Irak a beau être le fruit d'une mystification,

1. L'expression « avortement par naissance partielle » (en anglais, « partial birth abortion ») se réfère à l'interruption volontaire de grossesse pratiquée au deuxième ou troisième trimestre, interdite depuis peu par une nouvelle loi américaine. Quant à l'« impôt sur la mort » (ou « death tax »), c'est une expression utilisée par le président Bush entre autres pour discréditer l'impôt fédéral sur les successions. *(NdT)*

elle a débouché sur une situation très différente de celle que ses planificateurs avaient envisagée et voulue.

L'ALCHIMIE DE LA FINANCE

Je me suis servi de cette idée fondamentale concernant l'inévitable divergence entre réalité et interprétation pour mieux comprendre les marchés financiers. La pensée économique néoclassique repose sur le postulat que l'individu sait ce qui est dans son intérêt. Or, comme je viens de l'expliquer, les acteurs ne peuvent fonder leurs décisions sur une connaissance absolument juste de la réalité. Étant donné que la compréhension qui oriente leurs actions est imparfaite, celles-ci ont souvent des conséquences non voulues. Ces conséquences introduisent à leur tour un élément d'incertitude dans le cours des événements et limite la capacité des théories économiques à produire des prédictions inconditionnelles. Dans un effort pour se jouer de cette difficulté, certains économistes affirment que les marchés dans leur ensemble en savent davantage que tout acteur individuel et que, de ce fait, ils tendent tout de même à l'équilibre. Cela leur permet d'attribuer les fluctuations caractéristiques des marchés financiers à des chocs « exogènes » ou au « bruit », mais ce n'est là qu'une tentative pour faire correspondre la réalité à une théorie mal fondée.

Le principe d'incertitude appliqué à l'homme m'entraîne vers une tout autre interprétation. Les participants agissent sur la base d'une croyance ou d'une vue déformée qui contribue à déterminer les prix sur les marchés financiers. Mais ce n'est pas tout. Les marchés exercent une influence considérable sur les « fondamentaux » économiques dont ils sont censés être la simple expression. On assiste ainsi à un jeu réflexif, à double sens, entre réalité et interprétations des acteurs qui ne conduit pas nécessairement à l'équilibre : dans certains cas, il donne au contraire naissance à un cycle essor-effondrement. Ce qui distingue un cycle de ce type, ou bulle financière, des fluctuations aléatoires que connaissent les marchés est que, à son issue, on ne retrouve pas les conditions de départ. Loin de manifester une tendance intemporelle et éternelle à l'équilibre, le fonctionnement des marchés financiers relève plutôt d'un processus historique infini dont la trajectoire est véritablement incertaine. Ayant déjà exposé cette théorie ailleurs, je me bornerai ici à évoquer brièvement les différentes phases de la bulle financière type, car j'estime que leur structure peut nous éclairer sur la quête de suprématie américaine à laquelle se livre l'administration Bush[1].

Le cycle commence lorsqu'une tendance dominante et une croyance dominante viennent se renforcer mutuellement. Plus la croyance s'accentue, plus elle court le risque de subir la correction des faits. Toutefois, tant que la tendance résiste à l'épreuve, elle renforce cette croyance, à tel point que celle-ci peut se détacher de plus en plus du réel. Mais un jour ou l'autre vient l'heure de vérité, quand les acteurs prennent conscience du gouffre qui sépare leur interprétation de la réalité. Il s'ensuit une phase de flottement où la tendance n'a plus le soutien des croyances. Elle finit donc, elle aussi, par subir un retournement, après quoi

1. La présentation la plus à jour de ma théorie se trouve dans la nouvelle édition en langue anglaise de mon livre *l'Alchimie de la finance,* Valor, 1998 (version anglaise : *The Alchemy of Finance,* John Wiley & Sons, 2003).

un autre mouvement qui se renforce lui-même démarre en sens inverse. Dans le cas d'un cycle essor-effondrement particulièrement poussé, le retournement peut prendre un caractère assez catastrophique. Qui évoque justement l'éclatement d'une bulle.

REMERCIEMENTS

LA RAPIDITÉ avec laquelle ce livre a été publié se justifie par l'urgence du sujet abordé. J'aimerais remercier l'équipe d'*Atlantic Monthly*, qui a compris son importance et lui a accordé son soutien précoce en acceptant d'en publier un extrait.

Plusieurs personnes ont lu le manuscrit à différents stades de sa rédaction et ont apporté leur contribution à un débat animé qui a enrichi les conclusions dont il est fait ici état. Et si ce texte dans ses versions plus abouties a eu moins de lecteurs que d'habitude en raison des contraintes de temps, j'ai néanmoins une dette particulière envers Benjamin Barber, Emma Bonino, Robert Boorstin, Leon Botstein, Yehuda Elkana, Mort Halperin, Karin Lissakers, William Maynes, Bill Moyers, Wiktor Osiatynski, Paul Soros, Michael Vachon, Byron Wien et Fareed Zakaria. J'ai été aidé dans mes recherches par David Stevens. Yvonne Sheer a fait bien plus que dactylographier et redactylographier à l'infini le manuscrit : elle a effectué de nombreuses recherches et a coordonné tout le travail. Chez *Public Affairs,* Peter Osnos, Robert Kimzey, Clive Priddle, Melanie Peirson Johnstone, Jenny Dossin et Patricia Boyd se sont donné beaucoup de mal pour la réalisation du livre et la publication en temps et en heure de l'extrait. Ce fut, une fois de plus, un plaisir de travailler avec cette équipe.

À tous, j'exprime ma profonde gratitude.

George SOROS

Octobre 2003

INDEX

047674 - (I) - (7) - OSB 100° - INT - ABS

Imprimerie Nouvelle
45800 Saint-Jean de Braye
N° d'Imprimeur : 407856T
Dépôt légal : février 2004

Imprimé en France